SOURIEZ!

VOUS ÊTES AUX INSOLENCES d'une CAMÉRA

Illustration de la couverture : François Poirier
Maquette de la couverture : d'Anjou et Poirier inc.
Illustrations : Guy GAUCHER
Photos : *Écho-Vedettes*
Pages 14, 16, 41, 53, 82, 88, 89, 91 et 99

Société Radio-Canada
Pages 64, 103, 106, 107 et 139

André LeCoz
Pages 66 et 118

Les productions audio-visuelles Stanké-Lamy ltée
Pages 24, 28, 30, 32, 36, 40, 48-49, 62, 78, 80, 100-102, 104-105, 108-117, 126, 164, 166, 168-170 et 174-177.

Publié par Les Entreprises Radio-Canada, une division de la Société Radio-Canada, Case postale 6000, Montréal — H3C 3A8 et par les éditions internationales Alain Stanké ltée.

ISBN 2-7604-0285-1

Dépôt légal : 3e trimestre 1986

CARMEN LANGLOIS

SOURIEZ!

VOUS ÊTES AUX INSOLENCES d'une CAMÉRA

Les Entreprises Radio-Canada

Stanké

Données de catalogage avant publication (Canada)

Vedette principale au titre

Les Insolences d'une caméra
Publ. en collab. avec : Société Radio-Canada.
2-7604-0285-1

1. Insolences d'une caméra (Émission de télévision)
2. Émissions comiques — Québec (Province).
I. Langlois, Carmen. II. Société Radio-Canada.

PN1992.77.I57I57 1986 791.45'72 C86-096324-1

TABLE DES MATIÈRES

La puissance du regard humain

« Ceux qui ont défini le cinéma comme un art de voyeurs fait pour des voyeurs ont parfaitement raison... Ceux qui ont vu *Les Insolences d'une caméra* auront remarqué que c'est une des rares émissions de télévision qui n'exigent pas la participation du spectateur. (...) »

« Et pourtant nous sommes intéressés. C'est dire (...) l'incroyable puissance du regard humain qui peut transformer les êtres en objets. »

(Guy Cormier, *La Presse*, 1962)

Un remède social

« Cette formule s'avère un remède social. Si seulement elle pouvait développer chez nous le sens de l'humour, elle aurait accompli un coup d'état extraordinaire. »

(Phil Laframboise, *Radiomonde*, 1961)

DES SOUVENIRS BIEN VIVANTS

Votre petite réunion entre amis commence à battre de l'aile et vous cherchez un moyen de dérider la compagnie ?

Pas facile quand les petits copains Yuppies se mêlent de jouer les gens sérieux !

Lancez-leur donc, mine de rien : *Vous souvenez-vous des Insolences d'une caméra ?*

Il y a fort à parier que les minutes qui vont suivre seront très animées, chacun voulant raconter, gestes et mimiques à l'appui, l'*Insolence* qu'il avait trouvé la plus drôle, la plus cocasse, la plus osée.

Votre soirée sera réussie, on dira de vous : « quel hôte parfait ! »

P.S. Et si vous captiez le tout avec une caméra cachée... le succès de votre prochaine soirée serait déjà assuré !

SOURIEZ... VOUS ÊTES AUX *INSOLENCES D'UNE CAMÉRA*

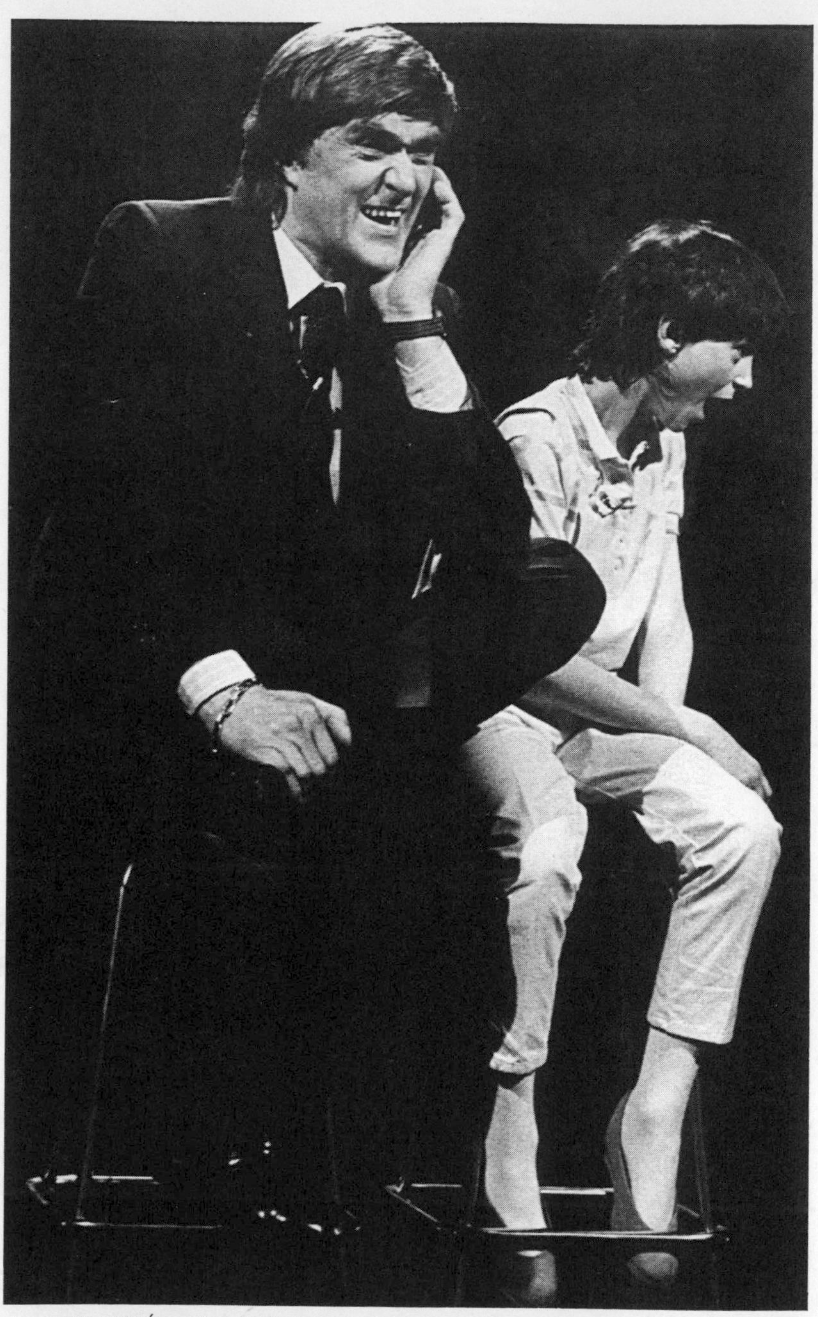

Alain STANKÉ et Nina DELAGE, animateurs des Meilleures Insolences d'une caméra *présentées aux* Beaux Dimanches.

L'émission hebdomadaire *Les Insolences d'une caméra,* présentée au réseau français de *Radio-Canada* de 1961 à 1966, rejoignait régulièrement un million et demi de téléspectateurs.

En ce temps-là comme aujourd'hui, les téléromans et les quizz occupaient la tête des palmarès télévisuels, avec un auditoire variant autour de deux millions de personnes.

Mais plus encore que le gros lot de *La poule aux œufs d'or* ou les malheurs de Donalda dans *Les belles histoires,* c'étaient les mauvais coups de l'équipe des *Insolences* qui se répandaient alors comme une traînée de poudre à travers le Québec. Non seulement les *Insolences* défrayaient-elles les conversations à la maison, au travail et dans les écoles, mais de nombreux loustics, jeunes et vieux, jouaient des tours à leurs parents et amis, tentant de leur faire croire ensuite qu'ils avaient été piégés par les *Insolences.*

La popularité de cette émission était telle qu'une pétition parvint un jour aux bureaux de *Radio-Canada* réclamant la diffusion le mardi au lieu du vendredi soir.

En effet, des milliers de gens, employés dans des magasins et des commerces le vendredi soir, refusaient désormais d'être privés de leur émission préférée.

Heureusement, leur demande fut prise en considération et leur vœu finalement exaucé !

Mais qu'y avait-il donc de si fascinant dans cette émission ? Qualifiée à l'époque de remède social, de reflet de notre inconscient collectif, une seule chose est sûre, l'émission des *Insolences* faisait rire !

Nombreux sont les articles de presse qui tentèrent d'analyser le succès des *Insolences* et ne réussirent qu'à expliquer pourquoi il est si difficile de faire rire à la télévision. On applaudit, on observa le phénomène, mais sans trop comprendre ! Les *Insolences* feront-elles encore rire en 1986 ? Le contraire serait étonnant.

D'une part, la nature humaine n'a pas tellement changé en vingt ans. D'autre part, la télédiffusion de morceaux choisis des *Insolences* aux *Beaux Dimanches* de *Radio-Canada* le 7 octobre 1984 a obtenu l'attention de 1 441 000 télé-spectateurs (densité moyenne au quart d'heure).

Les *Insolences* des années soixante, en noir et blanc (à une exception près réalisée en 1984), se classèrent donc en cinquième position au palmarès des cotes d'écoute de *Radio-Canada,* et en septième position au palmarès combiné *Radio-Canada/TVA.*

Ajoutons à cela qu'à l'origine du retour des *Insolences d'une caméra,* il y a ces deux Insolents professionnels, complices depuis vingt-cinq ans, que sont Alain Stanké et André Lamy. Ce livre vous fera mieux connaître la petite histoire des *Insolences* et de ces adultes qui s'amusent sérieusement à des « enfantillages ». Vous découvrirez également quelques-uns de leurs coups pendables.

Quant aux surprises des nouvelles *Insolences,* elles vous attendent à l'écran de *Radio-Canada.*

Soyez prêts... et souriez !

LE PRINCIPE DES *INSOLENCES*

Le principe, ou l'intention des *Insolences d'une caméra,* consiste à saisir dans toute leur vérité des êtres plongés à leur insu dans une situation tout à fait artificielle. Cette situation se doit d'être singulière, parfois incongrue et jamais banale.

L'emploi de la caméra cachée recouvre certes un peu de voyeurisme et beaucoup d'indiscrétion : mais la possibilité exceptionnelle d'observer nos semblables tels qu'ils sont, sans masque et sans rôle assigné lui confère un intérêt fascinant.

Qui n'a pas été indiscret au moins une fois dans sa vie ? Mais jouer l'indiscret sans en avoir l'air, c'est tout un art, et c'est justement celui que pratique l'équipe des *Insolences d'une caméra*. On dissimule la caméra afin de croquer sur le vif des expressions, des réactions et des attitudes sciemment provoquées, qu'aucun peintre ou caricaturiste ne pourrait reproduire avec autant de vérité.

Et pour cause ! Ici, il n'y a ni transposition comme au théâtre, ni reprise comme au cinéma : il s'agit de saisir au vol un moment fugitif que vit réellement la personne observée à son insu.

On dit que Molière profitait notamment de ses visites chez le coiffeur pour saisir le caractère de ses personnages. De fait, l'observation de la nature humaine peut se faire n'importe où. Et qui plus est, bien souvent, point n'est besoin d'organiser une mise en scène...

Monsieur qui posez un regard concupiscent sur cette jeune fille dans la rue, la caméra pourrait bien être en train de montrer votre regard et, en même temps, cette pensée que vous croyez si bien cachée au fond de vous.

Un brin de psychologie

Un journaliste de l'époque comparait la caméra des *Insolences* à un psychanalyste qui nous épie l'inconscient avec la joie sadique d'une émule de Freud.

Sans aller jusque-là, admettons que les *Insolences* permettent parfois une étude très instructive du comportement humain. Vous vous délectez en regardant les réactions spontanées de bonnes gens que des cascadeurs professionnels plongent dans des situations bizarres pour mieux mettre à nu l'âme humaine. C'est alors que, tout en vous moquant des autres, vous apprenez beaucoup de choses sur les travers du genre humain, et peut-être aussi sur vous-même.

D'où cette satisfaction supplémentaire, et j'oserais dire ce soulagement, lorsque vous entendez cette petite voix tout au fond de vous qui murmure : « ouf... si cela m'était arrivé à moi, de quoi aurais-je eu l'air ? »

Le faux clochard

Voici une situation dans laquelle vous n'aimeriez peut-être pas qu'on vous observe, certain jour de vaches maigres...

> Déguisé en clochard, le cascadeur Stanké s'était couché sur un banc du Carré Viger, lieu privilégié des « poètes » sans-le-sou et autres vagabonds du temps.
>
> Pendant que le faux clochard faisait semblant de dormir, la caméra montrait ses voisins tournant autour de lui avec mille précautions, attirés plus précisément par un de ses pieds.
>
> L'objet de toute cette attention était un billet de 2 $, que le cascadeur avait préalablement collé à la semelle de son soulier. Le suspense

était grand : comment prendre le billet tant convoité sans éveiller le dormeur, surtout que celui-ci bougeait toujours un peu quand il sentait qu'on s'approchait un peu trop ?

Fascinant. Seul le théâtre de la vie, qui n'en est pas un, peut offrir de telles scènes.

Savoir se payer la tête des autres

La popularité des *Insolences d'une caméra* a démontré que les gens aiment bien se payer la tête des autres, par cascadeurs interposés. Mais encore faut-il que le tout soit fait avec intelligence et subtilité sinon avec élégance.

Comment ne pas s'amuser de la naïveté des personnes qui, après avoir écouté les savantes élucubrations de Carl Dubuc, acceptent de devenir membres d'une soi-disant ligue de chasseurs de papillons. Comment ne pas sympathiser avec ce bon père de famille à qui Alain Stanké, déguisé en médecin, présente son nouveau-né nettement plus gros et plus dégourdi que ses compagnons de pouponnière, pour la bonne raison qu'on lui avait substitué un enfant de douze mois !

Et la tête des gens voyant une jeune fille (une cascadeuse) se faire embrasser à bouche que veux-tu par un inconnu (un cascadeur) qui vient d'entrer dans la salle d'attente d'une gare. Impayable !

LES ORIGINES DES *INSOLENCES D'UNE CAMÉRA* : UN SOUCI DE VÉRITÉ

Dans les années cinquante, Alain Stanké et Arthur Prévost sont reporters au *Petit Journal :* ils s'appliquent à lever le voile sur certaines réalités sociales, à dénoncer injustices et préjugés de toutes sortes.

D'ores et déjà attiré par l'inédit, Stanké tente alors cette forme de journalisme très intéressante qui consiste à vivre une situation plutôt qu'à la raconter par témoins interposés.

Ce qui donne lieu à des reportages pour le moins originaux dont voici deux exemples :

Les faux mendiants

Certains préjugés de l'époque voulaient que les mendiants alignés devant les grands magasins de Montréal soient en réalité bien à l'aise en abusant de la bonté des passants.

Transformés en « quêteux », nos deux compères allèrent donc tendre la main devant le magasin Eaton. Résultat : Alain Stanké récolta 5 $ en une heure alors que son collègue Prévost, installé sur le trottoir d'en face, ne reçut que 17 petits cents pour la même heure.

Prévost avait-il choisi le côté le moins rentable de la rue ? Peut-être. Mais Stanké avait surtout noté que le montant de l'aumône augmentait avec la fréquence des tremblements du « pauvre infirme » qu'il personnifiait...

L'expérience n'effaça pas tous les préjugés, mais elle démontra une fois de plus que le bon peuple réagit souvent à l'habit plus qu'au moine !

6325

L'« évadé » du pénitencier

Encouragé par ce premier succès, le même Stanké décida de se balader pendant une journée dans les rues de Montréal, vêtu d'un costume de prisonnier du pénitencier Saint-Vincent-de-Paul. Aucun passant, pas même les nombreux policiers qu'il croisa, ne prêta attention à cet « évadé ».

Conclusion : les policiers ignoraient comment étaient vêtus les prisonniers ! Quant à ces derniers, s'il leur prenait l'envie de sauter le mur de la prison, pourquoi s'inquiéteraient-ils d'endosser prestement un habit civil ?

Déjà on sent bien derrière ces premiers reportages-vérité... UNE FOLLE ENVIE DE S'AMUSER !

La première Insolence filmée : le faux aveugle

Les expériences du *Petit Journal* n'avaient fait que renforcer l'intérêt de saisir la réalité sur le vif, sans intermédiaires, sans masques.

Raconter avec des mots c'était bien, mais quel impact si on avait pu *montrer* la situation au public comme s'il y était ! Mû par cette idée, Alain Stanké acheta une caméra et se fit littéralement suivre par un caméraman, Marc Beaudoin.

La première expérience filmée se voulait un reportage d'intérêt humanitaire : montrer comment les aveugles (on ne disait pas encore « non voyants ») étaient traités dans leur vie quotidienne.

Mais notre farceur ne put s'empêcher de conclure par une chute comique. Écoutons-le raconter :

> « J'ai mis des lunettes noires, j'ai pris une canne blanche et je me suis baladé en ville. On a pu montrer comment certains aidaient gentiment l'aveugle à traverser la rue, comment d'autres étaient imprudents, entre autres les enfants avec des cordes à sauter, etc. Puis j'ai voulu

6325

soumettre à un test le policier du coin de la rue : je suis allé acheter des oranges, je suis revenu, et j'ai attendu patiemment comme un aveugle doit le faire, en tenant bien mon sac contre moi, mais à l'envers...

Le policier arrête les voitures, m'invite à traverser, me prend par le bras, et au moment où je suis au beau milieu de la rue, je lâche les oranges !

Voilà le policier à quatre pattes pour attraper les oranges sous les véhicules, un deuxième policier vient à son secours, mais ce n'est pas tout : en plus de me rassurer, car je fais semblant d'être mal à l'aise, ils m'aident à traverser la rue, entrent dans un magasin et en ressortent avec un sac tout neuf.

Ils y mettent eux-mêmes mes oranges, me donnent une tape sur l'épaule en disant avec chaleur : « Allez-y monsieur... ». »

C'était là un bon gag, mais surtout une observation touchante du comportement humain.

L'habit ne fait pas le moine

Le film de « l'aveugle » fut l'élément déclencheur de ce qui allait devenir les *Insolences d'une caméra.*

Mais, dans un premier temps, une série de petits films furent présentés à *Radio-Canada* sous le titre *L'habit ne fait pas le moine* dans le cadre de l'émission hebdomadaire *Carrefour.*

Le reportage-vérité à caractère social fit de plus en plus place à la loufoquerie et, il faut déjà le dire, à l'insolence :

LE FAUX AVEUGLE
Cette historique « pré-insolences » d'Alain STANKÉ n'avait pas pour but de faire rire, mais plutôt de faire découvrir (grâce à une caméra cachée pour la première fois) le comportement des gens face aux aveugles.

Alain Stanké, affublé d'un habit de gorille, s'installe un jour dans une cage au zoo de Granby. Quand les visiteurs lancent papiers et autres objets au lieu des cacahuètes tant attendues, le « gorille » les leur relance avec plus de vigueur encore !

Il pousse même l'impertinence jusqu'à faire la génuflexion devant un prêtre accompagnant un groupe d'élèves.

Ah ! les éclats de rire des enfants !

PREMIÈRE TENTATIVE — APPRENTISSAGE — RÉUSSITE

Allen FUNT et Alain STANKÉ
Quelques mois plus tard, cette rencontre donnera naissance à la première série des Insolences d'une caméra.

À la même époque, fin des années cinquante, on projetait dans les cinémas de Montréal, et avant le long métrage, de courts métrages humoristiques.

Tout à fait dans le même esprit que les gags présentés dans la série *L'habit ne fait pas le moine,* ils étaient l'œuvre d'un Américain nommé Allen Funt, père de la célèbre série *Candid Camera.*

Une rencontre eut lieu entre Funt, Alain Stanké et Jean-Paul LePailleur, ce dernier venant juste de quitter son poste de Directeur du service du film à *Radio-Canada.*

Une émission pilote fut réalisée, mais elle ne fut jamais diffusée : comme on la voulait bilingue, Stanké faisait son numéro en français et un cascadeur anglophone reprenait le même gag.

L'esprit y était, mais cela manquait de spontanéité et d'étincelles !

1961 : les Insolences d'une caméra sont nées

L'idée était tellement séduisante qu'elle ne pouvait manquer de resurgir quelque part : elle réapparut en effet dans les bureaux de Niagara Films, alors propriété de Fernand Séguin.

La première équipe était formée de Jean Boisvert à la réalisation, de Carl Dubuc, Alain Stanké et Lisa Tondi aux cascades et de Roger Moride à la caméra.

Louis Bilodeau était annonceur et l'animateur-présentateur n'était nul autre que Doris Lussier.

La saison démarra bien, les commentaires du public furent positifs, mais les difficultés nombreuses à cause des problèmes de son et de camouflage.

On était à l'école des *Insolences.* « On essuyait les plâtres », comme le dira plus tard Alain Stanké.

1962 : les Insolences d'une caméra prennent leur véritable envol

C'est lors de la deuxième saison que le train des *Insolences* prend sa vitesse de croisière avec l'entrée en scène d'Onyx Films, sous la direction des frères André et Pierre Lamy.

Après la faillite de Niagara Films, qui ne mit heureusement aucun frein à la diffusion des *Insolences,* les frères Lamy misèrent juste en s'associant avec un commanditaire d'envergure, la Brasserie Labatt.

Le publiciste Jacques Bouchard, un pionnier du marketing au Québec, travailla alors de concert avec les gens de Labatt.

Plus qu'un simple contrat de publicité, c'est une collaboration harmonieuse faite de plaisir et de complicité qui liait alors les deux parties.

Les *Insolences* offraient un véhicule publicitaire extraordinaire, celui de l'humour, de l'inédit, et on savait déjà que cette nouvelle formule était populaire.

Quant à la Brasserie Labatt, elle apportait le support financier nécessaire, même à cette époque, à toute émission de télévision d'envergure. Les frères Lamy y mirent donc beaucoup d'énergie, de la conception à la réalisation des séquences en passant par le financement, et choisirent un nouvel animateur, le populaire Paul Berval. Un climat de confiance spontanée s'établit alors immédiatement entre le cascadeur Alain Stanké et le nouveau réalisateur André Lamy. Ensemble, ils se rendirent régulièrement aux États-Unis pour sélectionner les séquences américaines qui seraient insérées à l'émission.

C'est à ce moment-là que Stanké passa quelque temps en stage avec l'équipe d'Allen Funt, histoire de bien assimiler toute la mécanique fort efficace de *Candid Camera*.

Il eut ainsi la joie de participer à l'une des plus grosses *Insolences* jamais réalisées, en compagnie d'un jeune cascadeur timide et timoré qui avait pour nom Woody Allen.

Une foule en délire pour accueillir un illustre inconnu

Fanfares, scouts et majorettes, journalistes, photographes et admirateurs, tous ces figurants ont été embauchés par *Candid Camera* pour accueillir comme une célébrité un illustre inconnu à sa descente d'avion.

Le nom de la « vedette », choisie au hasard à bord de l'avion, est communiqué à la dernière minute par un complice de la tour de contrôle.

Le cascadeur Woody Allen, vêtu d'un habit de cérémonie incluant chapeau haut de forme, lui fait un petit discours de bienvenue, et tous applaudissent.

Le passager est pris dans le feu de l'action : au lieu de dire qu'il y a erreur sur la personne, il accepte de faire à son tour un petit boniment, et remercie les gens de New York de l'avoir si bien accueilli !

Sorti malgré lui de l'anonymat, l'inconnu allait en plus faire les délices de millions de téléspectateurs.

Woody ALLEN à New York.

De retour de New York où Stanké avait tourné avec Woody Allen, les Insolences *reprennent la même idée, avec la même grandiose mise en scène, à Dorval. La « vedette », assise entre Pierrette BEAUDOIN et Alain STANKÉ, ne se doute pas encore qu'elle est filmée pour la télévision.*

RÉALISATION : COMMENT FABRIQUE-T-ON LES *INSOLENCES D'UNE CAMÉRA* ?

Fabriquer les *Insolences d'une caméra,* ce n'est rien de moins que faire de la mise en scène pour des auteurs qui ne savent pas qu'ils sont en train de jouer.

Tout d'abord, il faut faire fonctionner ses « petites cellules grises » comme dirait le célèbre Hercule Poirot ! Car, comme le précise André Lamy, le plus difficile dans les *Insolences* n'est pas de cacher la caméra, mais de trouver de bonnes idées. Pour la nouvelle série 86-87, on dispose d'un réservoir d'environ 500 sujets auxquels d'autres viennent s'ajouter chaque jour.

Dans quel terreau germent donc ces coups pendables ? Dans le cerveau des Insolents, ces êtres apparemment venus sur terre dans un seul but : s'amuser aux dépens de leurs semblables. Nous disons bien « aux dépens », pas au détriment de leurs semblables. Car si les « vedettes » deviennent parfois, et pour quelques minutes, objets de dérision, jamais elles ne subissent ni dommage ni préjudice. On mettra plutôt en évidence leur habileté à naviguer dans une situation tout à fait incongrue, orchestrée par de savants poseurs de pièges.

Il faut d'ailleurs souligner que dans certains cas particulièrement risqués, c'est grâce au civisme, à la bienséance et au bon naturel de ces « vedettes » que les cascadeurs s'en sont tirés indemnes.

L'étincelle peut jaillir n'importe quand, car l'esprit de l'Insolent professionnel est constamment à l'affût d'un bon tour à jouer. Un jour, en feuilletant son journal, André Lamy tombe sur une annonce intitulée « Père Noël demandé ». Aussitôt lui vient l'idée de faire passer des auditions bidons dans le but d'obtenir un effet comique créé par la variété et la juxtaposition des rires sur commande des candidats.

Les séquences montrèrent successivement, dans un montage serré, des hommes de tous les âges et de toutes les grosseurs s'efforçant de rire comme le vrai Père Noël !

On les invitait évidemment à en rajouter et le résultat fut d'un comique irrésistible.

« Faire des *Insolences,* cela devient comme une seconde nature : on se lève le matin en pensant et en mangeant des *Insolences !* » (André Lamy).

Qualités de base d'une bonne Insolence

La réussite d'une *Insolence* repose d'abord sur la vraisemblance de la situation. Tout doit être plausible et contribuer à faire réagir les personnes provoquées.

À titre d'exemple, les sujets d'actualité offrent de bonnes chances de réussite : les gens ne s'étonnent pas qu'on les aborde sur des questions dont tout le monde parle.

Ainsi, dans les années soixante, les gens de Ville Mont-Royal voulurent clôturer complètement leur cité et leurs réclamations faisaient les manchettes des journaux.

Très tôt le matin (5 ou 6 heures), les Insolents se présentèrent à l'entrée de quelques résidences de Ville Mont-Royal pour faire une collecte, prétextant qu'ils manquaient d'argent pour terminer la fameuse clôture.

À cette heure matinale, les coquins savaient bien qu'ils seraient reçus non par les maîtres, mais par les domestiques, femmes de ménage et jardiniers qui, comme prévu, les envoyèrent paître royalement ! Imaginez leur tête ! La clôture de cette cité huppée, celle de leur gagne-pain, dont ils n'étaient pas citoyens, était vraiment le dernier de leurs soucis.

Le métro passera chez vous monsieur !

Voici un autre exemple où l'actualité du sujet donna un coup de pouce aux Insolents.

À l'époque où l'on construisait le métro, l'équipe s'amène sans préavis chez un garagiste de la banlieue montréalaise.

Faux papiers officiels en main, ils informent ce dernier qu'il faut démolir son garage sur-le-champ :

« Comment, vous n'êtes pas au courant ? C'est pourtant bien clair sur le plan, regardez, le métro va passer juste ici », dit le cascadeur, traçant une ligne imaginaire au milieu de son établissement !

La tête du pauvre homme quand il voit, en plus, une immense grue équipée d'une énorme boule de béton s'avancer vers ce qu'il considère « l'œuvre de sa vie » !

Des lieux adaptés au thème choisi

Des lieux adaptés au thème choisi ajoutent une note de vérité au scénario des *Insolences.*

Un jour, la séquence à tourner est basée sur le thème du scoutisme. Où la tourner pour que ce soit plausible ? Au Salon du camping, Place Bonaventure, où personne ne s'étonnera d'être abordé par des scouts.

On réserve donc un emplacement où un grand chef scout (un cascadeur) tente de convaincre les gens d'aller passer deux semaines de vacances en camping avec de jeunes enfants défavorisés dont ils devront assurer la garde.

Jusque-là ça peut aller, mais plus la conversation avance, plus la générosité des volontaires pâlit quand ils comprennent que, non seulement ils devront s'occuper des enfants, mais qu'ils auront également à débourser quelques centaines de dollars.

Grues, pelles mécaniques, bulldozers, tracteurs, camions, pas moins de douze employés musclés... tout ça pour une Insolence *et l'espoir de faire sourire les téléspectateurs.*

Croyez-vous que le cascadeur Richard FRÉCHETTE a bel et bien convaincu ce citoyen de la vieille capitale qu'on inaugure le métro de la ville de Québec en 1986 ? !

Un autre jour, on attire les gens dans une situation impossible en utilisant l'information touristique comme prétexte. L'endroit choisi, la Place d'Armes, où de nombreux touristes vont visiter l'église Notre-Dame.

Aucun détail ne doit être négligé. On téléphone aux grands hôtels pour savoir à quelle heure les autobus bondés de touristes vont à la Place d'Armes. L'église ouvre ses portes à 9 heures et demie, rien ne sert donc d'y être à 5 heures... à 7 heures, ça suffira pour tout mettre en place.

Le scénario met en scène deux cascadeuses : une toute petite femme et une autre, très grande. La grande femme aborde quelqu'un, lui demande des détails sur la ville, des informations touristiques, si l'église est belle, etc. C'est alors que deux autres cascadeurs, déguisés en travailleurs de la construction, passent entre la cascadeuse et la personne interrogée, avec un immense panneau.

L'opération est délicate et doit être menée rondement : car lorsque le panneau est passé, la personne trouve devant elle une toute petite femme, la deuxième cascadeuse, qui reprend le fil de la conversation en tenant compte des propos déjà tenus.

Comment ne pas se croire victime d'une hallucination !

On communique à l'aide d'un code

Outre la vraisemblance de la situation et l'à-propos du lieu choisi, il faut s'arranger pour que rien d'insolite ne vienne rompre avec les habitudes d'un bar ou d'un restaurant. Si on tourne une séquence dans un casse-croûte, l'équipe s'installera dès 5 heures du matin pour que tout semble normal aux habitués dès l'ouverture.

Peut-être y aura-t-il tout au plus un ou deux nouveaux clients (les cascadeurs) et un nouvel employé (le réali-

— Écoutez un peu, là... Aïe... ! ! !

sateur). Comme ce dernier ne peut communiquer directement avec les cascadeurs ou les techniciens, on utilise un code.

Par exemple, le réalisateur pourra dire de façon à se faire entendre par le cascadeur : « Ginette est partie en voyage », ce qui signifie que la personne piégée n'est plus dans le champ de la caméra. Ou encore, « j'suis pas sourd », dira l'ingénieur du son pour indiquer que le micro est trop éloigné.

Avant même que les habitués du premier café n'aient remarqué quelque chose d'insolite, ils seront déjà « en boîte » !

Jouer sur l'absurde

Il arrive parfois qu'on joue sur le phénomène inverse. Par exemple lorsqu'un cascadeur joue le rôle d'un médecin qui, par bonté d'âme, offre ses services gratuitement.

Le dernier endroit où aller est évidemment un bureau de médecin : on se douterait tout de suite que quelque chose cloche. On ira plutôt dans un centre commercial ou un lieu de passage où les gens s'attardent volontiers.

Muni d'une chienne blanche, d'un stéthoscope, etc., le cascadeur insiste pour soigner les gens gratuitement, leur prodiguant pilules et bons conseils.

Réactions des gens : ils sont convaincus qu'ils ont affaire à un pauvre fou. Un autre cascadeur, mine de rien, se charge de nourrir leurs commentaires pour la caméra.

Trucages

Où se cache la caméra insolente ? Elle peut être dissimulée dans un camion, derrière un mur, dans un placard improvisé dont la porte est munie d'un miroir sans tain.

Dr Stanké, trousse en main, est au service de la santé (par le rire)...

Elle peut aussi se trouver derrière une vitre ordinaire, dans le noir complet. Dans ces cas-là, il faut augmenter l'éclairage, en changeant les lampes ou en ajoutant des néons dans la pièce où se passe l'action.

Quant au micro, il peut se trouver dans les endroits les plus inusités : dans un pot de fleurs, sous un coussin ou même sous un régime de bananes ! Cela s'est vu.

Un sport international

Se payer la tête des autres est vraiment un sport international. Les Américains avaient *Candid Camera,* les Allemands, *Achtung Kamera* et les Français, *La caméra invisible.*

Les Anglais et les Hollandais avaient aussi leurs *Insolences* et les Sud-Américains ont même réalisé des longs métrages avec le principe de la caméra cachée.

Les uns et les autres échangent des idées et des séquences, mais elles ne sont pas toujours adaptables.

Par exemple en Hollande, où c'est par milliers que les gens circulent à bicyclette, on avait tendu un piège aux cyclistes : au tournant d'une rue, plusieurs se sont accrochés dans une barre parallèle nouvellement installée pour les besoins de la cause, distraits qu'ils étaient par une jeune fille particulièrement provocante, au décolleté très plongeant (une cascadeuse, évidemment).

Inadaptable ici, car il n'y a pas assez de cyclistes.

André Lamy est d'avis que la force des *Insolences* des années soixante tenait beaucoup au fait que les sujets étaient souvent locaux ou nationaux. On « canadianisait » souvent des idées de l'extérieur. Mais les plus beaux succès furent sans doute ceux du cru, par exemple le métro, la clôture de Ville Mont-Royal, des sujets d'actualité locale dans lesquels les gens plongeaient tête baissée. Ou encore ces séquences qui conduisaient

Une autre Insolence *qui fait désormais partie des « classiques » :* Le Policier Braillard.
Lorsque l'automobiliste (totalement innocent) protestait en disant qu'il ne roulait pas vite (ce qui était vrai), le policier-cascadeur « sensible » se mettait à pleurer.

parfois les gens à énumérer nos ornements sacerdotaux, un sport bien de chez nous. Ce sont les *Insolences* à clochettes, ces dernières camouflant les jurons et les mots vulgaires qui ne sauraient être diffusés, ajoutant encore au comique de la situation.

Un véritable travail d'équipe

Des réunions de production se tiennent tous les jours. Bien que chacun ait un rôle précis, cascadeur, réalisateur, ingénieur du son, script, accessoiriste... tous les membres de l'équipe doivent avoir l'esprit aux *Insolences*.

Le rôle de chacun est essentiel. Selon le thème choisi, l'endroit, l'heure, tôt le matin dans un endroit désert ou en pleine affluence, l'équipe doit s'organiser pour que les gens se laissent embarquer dans l'histoire et qu'ils réagissent, bien ou mal.

De plus, non seulement les « vedettes » doivent être constamment dans le champ de la caméra, mais le son et l'image doivent être les plus parfaits possible.

Même le comptable de l'équipe des *Insolences* y va de ses suggestions : l'action se passe... dans le bureau d'un comptable, car le thème choisi est le fameux rapport d'impôt, un sujet toujours d'actualité. Un client se présente. Le comptable est un cascadeur, bien entendu. On apprend au contribuable que, contrairement aux 2 000 $ ou 1 500 $ qu'il croyait devoir à l'impôt, il devra en débourser 7 000 $.

L'incrédulité fait place à la colère et à l'indignation lorsque...

La porte du bureau s'ouvre et un autre cascadeur entre. Donnant la main au comptable, il lui tape sur l'épaule et lui annonce familièrement : « mon chum, si tous les comptables du Québec travaillaient bien comme toi, on aurait moins de déficit au ministère du Revenu ! »

Parmi les Insolences *les plus réussies, il y avait celle de Pierrette BEAUDOIN qui demandait aux passants de... l'embrasser. Tout Chicoutimi en rit encore 20 ans plus tard... !*

Là-dessus il sort.

La tête du contribuable lorsqu'il comprend que le comptable est soudoyé par le gouvernement pour lui soutirer de l'argent ! Et le tout se sera déroulé en deux minutes !

L'anonymat

Dans les grandes villes cela va plutôt bien. Par prudence, les cascadeurs ne vont pas manger au même endroit que les autres membres de l'équipe lorsqu'on s'apprête à tourner une séquence dans les environs.

Par contre, le problème se pose lorsqu'on va dans les régions éloignées. Si on a attrapé deux garagistes de Chicoutimi, on ira tourner d'autres scènes sur le même sujet ailleurs le lendemain. Car les garagistes se seront vite passé le mot.

On ne réserve évidemment pas les chambres d'hôtel au nom des *Insolences d'une caméra*. On prétexte la visite d'une chorale ou d'un congrès dans la région. Et on mange souvent dans sa chambre !

Il faut aussi convaincre les gens qui viennent d'être attrapés de collaborer en restant à l'écart quelque temps. Car ceux qui ont été piégés ont souvent la tentation d'aller chercher une tante ou un copain pour qu'il se fasse prendre à son tour. Mais ce serait un échec : la personne, alertée, s'attendant alors à ce que quelque chose se passe, manquerait de naturel.

LES ANIMATEURS : PAUL BERVAL, JACQUES NORMAND, DORIS LUSSIER

Une fois les séquences montées et prêtes à être offertes au public, il fallait quelqu'un pour les présenter au petit écran, avec humour de préférence.

Parmi les têtes d'affiche de l'humour, il y avait alors Doris Lussier, Jacques Normand et Paul Berval.

Ces trois-là, qui auraient vendu leur âme pour un bon gag, n'allaient pas se faire prier pour présenter les populaires *Insolences* : se payer la tête des autres, c'était déjà leur hobby préféré.

Aussi était-ce un véritable défi pour les membres de l'équipe de prendre ces vedettes au piège des *Insolences*. Mais nul n'était vraiment à l'abri, puisqu'on réussit un jour à filmer Jacques Normand à son insu :

> On demande à des gens, dans la rue, de livrer sincèrement leurs commentaires sur l'enfant terrible du show business québécois. Normand regarde attentivement les séquences et passe bien sûr ses commentaires sur les commentaires !
>
> Ce qu'il ne sait pas, c'est que la caméra cachée capte ses réactions et qu'elles seront également présentées à des centaines de milliers de téléspectateurs.

Aujourd'hui encore, c'est en frétillant de malice que les Normand, Lussier et Berval se rappellent les *Insolences*.

Quant à Alain Stanké, lorsqu'on lui demande si l'équipe avait le droit de lui jouer des tours, il répond : « oui, à condition que je ne m'en aperçoive pas ! »

Alain STANKÉ et Paul BERVAL.

Paul Berval

Paul Berval se rappelle lui aussi avec délices l'époque où il animait les *Insolences d'une caméra.*

> « C'était surtout au début, lorsque le commanditaire, la Brasserie Labatt, invitait des groupes de gens dans ses locaux afin d'assister à l'enregistrement de l'émission.
>
> On présentait chaque séquence en faisant une brève mise en situation, et on enregistrait les rires du public qui étaient ensuite insérés au montage. »

Comme d'autres animateurs, Paul Berval a lui aussi participé à quelques *Insolences,* faisant des siennes chez un dentiste ou dans un garage ; mais l'utilisation de gens aussi présents à la télévision rendait les choses difficiles. Même si la personne impliquée ne le reconnaissait pas vraiment, elle le regardait avec l'air de dire : « je l'ai déjà vu quelque part celui-là », ce qui était déjà trop attirer l'attention.

Paul Berval se souvient de cette séquence où Stanké, déguisé en policier, arrêtait les automobilistes circulant à 30 milles à l'heure pour les invectiver : « vous alliez à 90 milles à l'heure, je vous ai vu... ». Les gens se fâchaient, sachant bien que c'était faux, mais lorsqu'ils apprenaient qu'ils étaient aux *Insolences,* ils étaient tellement contents de n'avoir pas eu de contravention que leur colère s'envolait en fumée.

Alain STANKÉ et Jacques NORMAND.

« Il y a eu des moments extraordinaires et les gens étaient beaux joueurs parce que c'était rarement méchant. »

« Les *Insolences* vont sûrement intéresser les gens à nouveau en 1986 ».

Jacques Normand

Les *Insolences d'une caméra !*

Comme des centaines de milliers de Québécois, voilà un de mes plus beaux souvenirs de notre télévision depuis son apparition.

C'était « dans ce bon temps », comme se regarder vivre dans un miroir et rire de nous tous ensemble ! Quel régal !

L'HUMOUR AU NATUREL, à son meilleur, à son plus vrai, puisque c'est du folklore.

On me dit que d'autres *Insolences* sont en route, et je m'en réjouis !

Que de bons et drôles souvenirs, avec le camarade Arthur Prévost, le grand mime-comique Olivier Guimond et tous les autres.

Et Stanké, le gars aux mille visages et quelques millions d'idées ; Alain, qui amuse toujours et peut faire peur parfois.

Souriez... vous êtes aux *Insolences d'une caméra !*

Insolemment vôtre.

Une invitation de Doris LUSSIER.

Doris Lussier

Lorsqu'on lui rappelle l'époque des *Insolences d'une caméra,* Doris Lussier réagit avec un éclat de rire teinté de nostalgie. La première image qui lui vient est celle d'Olivier Guimond dans l'épisode de « La soupe jusqu'aux oreilles », raconté plus loin.

Doris Lussier insiste surtout sur la spontanéité qui donnait l'éclat du génie aux compositions du grand Olivier.

Invité à commenter la formule des *Insolences,* Doris Lussier qui, comme on sait, aime bien philosopher, nous livre ces impressions :

> « Rien de plus merveilleux. C'est la nature des êtres qui s'exprime dans toute sa fraîcheur.
>
> Prendre sur le vif des réactions naturelles à des situations qui ne le sont pas, c'est vraiment provoquer l'humanité !
>
> Car le comique est dans la nature des êtres et des choses : nous ne faisons que le transposer, quelquefois l'arranger... ».

BERNARD CHENTRIER, LE CAMÉRAMAN-PIONNIER

Le rôle de caméraman des *Insolences* était sans doute le plus ardu et le plus ingrat de toute l'équipe, surtout dans les années soixante alors que l'équipement technique était lourd et encombrant.

Le caméraman devait donc souvent faire appel à son imagination, trouver des trucs et des stratagèmes pour atteindre finalement son objectif, c'est-à-dire *voir sans être vu.*

Le tout premier caméraman des *Insolences* fut Roger Moride, suivi quelques mois plus tard de Michel Thomas d'Hoste. Ce dernier avait pour assistant Bernard Chentrier qui le remplaça à son départ et devint, dès la fin de la première saison, le caméraman attitré des *Insolences* jusqu'à la toute dernière émission en 1966.

M. Chentrier a bien voulu nous faire part des souvenirs qu'il garde de ces cinq années passées derrière la caméra cachée.

Il s'est amusé un jour à faire de petits calculs, en tenant compte du fait que la lourde caméra de l'époque (23 kilos) était munie de 400 mètres de pellicule. En cinq saisons, on a utilisé assez de film pour relier Montréal à Québec et même revenir jusqu'à Trois-Rivières !

Une bonne école

Techniquement, les *Insolences* offraient un laboratoire idéal pour un caméraman en début de carrière :

> « Ce fut un très bon exercice. J'y ai appris à être vigilant, constamment à l'affût de ce qui peut se produire, car il faut réagir très vite aux changements de situation. »

Patience mise à l'épreuve

L'équipe technique était réduite à trois personnes, le caméraman, l'assistant et l'ingénieur du son, ce qui donnait l'avantage d'avoir moins de monde à cacher.

Chentrier et l'ingénieur du son, Raymond Leroux, ont passé des heures, parfois même des journées entières, enfermés dans un placard improvisé d'une surface de 0,4 m^2 !

Au cours d'une de ces journées particulièrement éprouvantes pour les nerfs, l'inévitable se produisit : nos deux techniciens de l'ombre ne savaient plus quoi inventer pour passer le temps, cachés dans le faux placard sans éclairage d'une clinique médicale où ils attendaient l'ordre de tourner.

Chentrier décide alors de taquiner son camarade : armé d'un stylo, il s'amuse à dessiner sur le bras de Leroux, faisant la sourde oreille à ses protestations.

Puis, les nerfs à bout, Leroux explose !

Il s'ensuit un échange de coups auquel ne résiste pas une minute le faux placard dont les panneaux volent sous les regards médusés des patients... et du réalisateur !

Dure journée ! Mais les deux comparses se la rappellent en riant aujourd'hui.

Quelques « séquelles »

Bernard Chentrier a travaillé cinq ans avec la préoccupation constante de bien se cacher et de bien cacher sa caméra.

Quelque temps plus tard, il tourne un film publicitaire rue Sainte-Catherine. Intrigué par son comportement bizarre, le réalisateur lui demande ce qu'il fait là dans le coin, longeant le mur. Chentrier répond spontanément : « ben, pour que les gens ne voient pas la caméra... »

Le caméraman de la pénombre prend alors conscience du fait que la dissimulation était devenue chez lui une seconde nature. « J'étais devenu gêné. Je me cachais dans les coins. Et je suis devenu un peu claustrophobe par la suite. Je supportais mal les endroits clos, les espaces restreints. Quand je prends l'avion par exemple, ça m'arrive encore. Je me demande... »

Mais n'ayez crainte, les « traumatismes » se sont estompés avec le temps, et c'est avec beaucoup d'humour que Bernard Chentrier en parle maintenant.

Ce n'était pas tous les jours facile, mais les techniciens savaient qu'ils participaient à une aventure télévisuelle extraordinaire.

Tous les gestes sont bons quand ils sont naturels ;
ceux que l'on apprend sont toujours faux.

Sacha Guitry

STANKÉ et PRÉVOST avec « la vedette qui sait », mais fait semblant qu'elle ne sait pas. Le téléspectateur, lui, sait qu'elle sait, mais elle ne sait pas qu'il sait qu'elle sait... alors qui sait ?

LES « VEDETTES »

N'importe qui peut devenir « vedette » des *Insolences d'une caméra,* c'est tout simplement une question de hasard.

Si jamais cela vous arrive, ne vous affolez pas et mettez votre aventure sur le compte du destin. De toute façon, vous n'avez rien à craindre, puisqu'avant de diffuser une séquence, il faut obtenir l'autorisation écrite des personnes piégées.

Si au contraire vous voyez dans les *Insolences* l'unique chance de votre vie de passer à la télévision, ne vous faites pas d'illusions. Car n'est pas « vedette » des *Insolences* qui veut !

En effet, il est arrivé plus d'une fois que des gens aient téléphoné à l'équipe de production exprimant leur ardent désir de se « faire prendre » aux *Insolences.* D'autres ont écrit, expliquant dans le moindre détail le guet-apens dans lequel ils étaient prêts à faire semblant de tomber !

Certains ont mis plus de temps que d'autres à se rendre aux arguments des producteurs de l'émission. Ainsi cette dame qui ne voulait pas en démordre et répétait à chaque fois : « attrapez-moi, je ferai semblant de ne pas être au courant, vous verrez, je serai bonne, etc. »

Elle fit si bien qu'on décida un beau jour d'en avoir le cœur net : les cascadeurs Prévost et Stanké acceptèrent de tourner une séquence dans laquelle ils devaient en principe jouer avec les nerfs de la dame.

« Caméra, on tourne !... » la dame n'a évidemment aucune réaction et ses tentatives pour « faire vrai » sonnent résolument très faux, car le jeu est faussé au départ.

L'effet de surprise est à la base de toutes les Insolences.
Ici, Alain STANKÉ fait semblant de dégonfler le pneu d'une automobile...
N'importe quel automobiliste serait prêt à lui flanquer la raclée...

L'utilisation de volontaires ne peut réussir en aucun cas, puisque le sujet doit être absolument inconscient de l'aspect artificiel de la situation qu'il est en train de vivre. C'est la toute première condition préalable à la réussite d'une *Insolence d'une caméra.*

Oui, n'importe qui peut devenir « vedette » des *Insolences d'une caméra*... à condition qu'il n'en sache rien. Spontanéité oblige !

Taux de réussite

Selon André Lamy, réalisateur et coproducteur des *Insolences,* le taux de réussite des séquences tournées est de 90 pour cent.

On ne parle pas ici des rejets pour raison technique, mais bien des cas où, pour une raison ou pour une autre, les sujets n'ont pas réagi suffisamment.

D'après M. Lamy, tout se décide dans les quinze premières secondes, et si on peut tenir la personne sur le gril durant une minute, une minute et demie, l'affaire est dans le sac.

L'expérience a également démontré que les femmes réagissent mieux que les hommes. Non pas qu'elles soient plus naïves, mais devant l'imminence d'une injustice ou face à l'impertinence d'un hurluberlu, elles se défendent mieux.

> « Il ne faut pas oublier qu'en général, c'est la femme qui négocie : avec l'employé du téléphone, de l'Hydro, avec le plombier, l'épicier, etc. Elle est plus aguerrie et trouve donc plus facilement des arguments pour faire respecter ses droits. »

... sauf que quand le cascadeur se « déplie »... il mesure 8 pieds (2,4 m)... !

Une certaine éthique

Il faut bien sûr observer une certaine éthique envers les gens qui sont filmés à leur insu.

À ce propos, M. Lamy déclare : « pour aucune considération, il ne sera jamais question de faire du tort à quelqu'un, *qu'il le veuille ou non.* Ce serait la meilleure façon d'assassiner les *Insolences.* Nous avons bonne réputation parce que nous avons toujours respecté les gens, qui sont libres après coup de signer ou non le permis de diffusion. »

On a même vu des cas de personnes piégées en flagrant « délit » de spontanéité qui insistaient pour que leur séquence soit diffusée, et qu'il a fallu protéger malgré elles à cause de ce qu'elles avaient dit devant la caméra.

D'autres personnes au contraire, plus rares, ont eu raison d'interdire la diffusion de leurs propos, comme en fait foi l'exemple cité au chapitre des « Meilleurs ratés ».

Le cascadeur peut, à la limite, passer pour un hurluberlu ou un être carrément débile. Mais il ne doit jamais attribuer ce rôle aux personnes piégées, qui sont les véritables « vedettes » de l'émission et les seules à ne pas être dans le coup.

Les téléspectateurs aimaient tellement les Insolences *qu'ils auraient fait n'importe quoi pour aider l'équipe des farfelus à jouer des tours. Partis de cette assurance, les Insolents ont même réussi un jour à persuader un homme de leur permettre de retirer le toit de sa maison le temps de jouer une* Insolence. *Le brave homme a finalement hésité à la dernière minute car le tout se passait en hiver. « Si vous revenez en été, je ne dis pas non », avait-il déclaré à la caméra, « mais on est en hiver et j'ai peur qu'il neige dedans ! »*

LE MÉTIER DE CASCADEUR

Au cinéma, le cascadeur agit comme doublure de l'acteur au cours des scènes dangereuses : c'est un acrobate qui exécute sauts périlleux, chutes, etc.

Le cascadeur des *Insolences* quant à lui, exécute plutôt une gymnastique intellectuelle parfois délicate : il doit se faire assez insolent pour provoquer les gens, mais assez prudent pour les garder dans le champ de la caméra le temps nécessaire à une séquence réussie.

Tout en « grillant » son sujet, le cascadeur est très attentif à la montée graduelle de l'impatience, de l'indignation ou de la colère chez son vis-à-vis.

Il doit opérer avec subtilité. Car rien ne sert d'être odieux au risque de déclencher immédiatement une colère justifiée, qui pousserait le sujet à décamper sur-le-champ, c'est-à-dire... hors champ. De plus, il ne faut pas oublier que le spectateur s'identifie à celui qui n'est pas dans le coup : il n'admettrait pas que le cascadeur, en position de force, abuse de celui qui ignore tout de la situation.

Une dizaine de cascadeurs

Une dizaine de cascadeurs et de cascadeuses ont apporté un jour ou l'autre leur contribution aux *Insolences d'une caméra.* Les plus connus, les cascadeurs à plein temps, si l'on peut s'exprimer ainsi, furent sans doute Carl Dubuc, Arthur Prévost et Alain Stanké. Olivier Guimond fit peu d'*Insolences,* mais elles sont demeurées inoubliables. Du côté des cascadeuses, on se souvient de Pierrette Beaudoin et de Renée Girard qui ont participé à bon nombre d'*Insolences.*

Quand on pense à Pierrette Beaudoin, on se souvient surtout de cette scène :

> Elle s'amène avec un petit caniche en laisse et demande à un passant d'en prendre soin pendant qu'elle va déplacer sa voiture.

L'excellente cascadeuse Pierrette BEAUDOIN dans la célèbre Insolence *du caniche qui rapetisse et grandit à vue d'œil.*
Le voici grand...

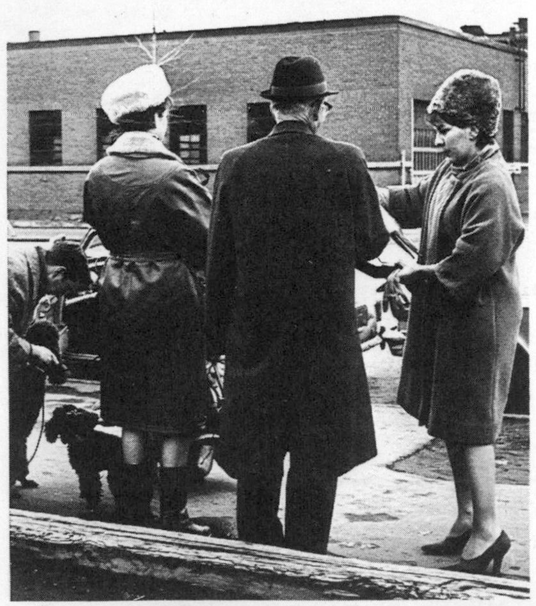

... dans un instant il sera petit. Un complice s'apprête à faire l'échange pendant qu'on « distrait » la « vedette »...

Après plusieurs métamorphoses, on vend la mèche : « Souriez, vous êtes aux Insolences d'une caméra *». Comme toutes les vedettes, le brave homme éclate de rire... Quant à André LAMY, claquette en main, il repart avec le chien vers une autre « vedette ».*

D'autres cascadeurs jouant les badauds retiennent l'attention du bon samaritain en lui demandant des renseignements, pendant que l'un d'entre eux en profite pour échanger le petit caniche contre un caniche géant.

Pierrette Beaudoin revient, pleure la perte de son tout petit chien, mais le monsieur ne sait vraiment quoi lui dire...

Il y eut aussi à un moment ou l'autre : Suzanne Valéry, Richard Martin, Yvan Ducharme et le grand et regretté comédien Guy Hoffman.

Un conseil d'Allen Funt (Candid Camera) : « Il faut être poli avec nos vedettes. »

Voici ce qu'Allen Funt disait aux cascadeurs : « montrez-vous très empressés, très polis, très avenants. Ils s'en trouveront peut-être si intimidés qu'ils ne se fâcheront pas. C'est alors tellement plus agréable pour tout le monde.. » « Mais parfois, les réactions sont difficiles à obtenir, dit un des cascadeurs. On ne veut pas être impoli, mais si on ne provoque pas légèrement, ça ne sert à rien. »

L'expérience a démontré hors de tout doute que les séquences les mieux réussies et les plus goûtées par les téléspectateurs sont celles où les personnes piégées ne se fâchent pas trop ou, encore mieux, ne se fâchent pas du tout.

Pas des comédiens professionnels

On ne peut qu'abonder dans le sens d'Alain Stanké lorsqu'il dit : « aucun comédien professionnel n'est capable de jouer de façon aussi naturelle, avec cette vérité de gens aux prises avec une vraie situation. »

Et il n'est évidemment pas question d'écrire les dialogues : le cascadeur a bien sûr pensé à quelques

Une Insolence *devenue classique :* Le Gagnant malgré lui.
Détourné de sa route, un automobiliste est forcé à conduire son auto sur un champ de course. Comme par hasard, c'est lui qui sera déclaré le vainqueur. Il a droit à une interview par le journaliste sportif Stanké, à un trophée et à un gros baiser par Miss Auto, *Suzanne VALÉRY.*

répliques ou à quelques gestes, mais, toujours en alerte, il doit s'ajuster petit à petit à l'individu qui est en face de lui et dont la réaction n'est jamais totalement prévisible.

> « Au début des *Insolences,* nous avons pris plusieurs comédiens professionnels, mais ça n'a jamais marché. En général, ils n'étaient pas de bons improvisateurs. »

« Ce n'est pas le show des cascadeurs » *(Stanké)*

On pourrait penser que les choses ont changé avec la Ligue Nationale d'Improvisation (L.N.I.). Mais ce n'est pas l'avis du « pro » des *Insolences.*

> « Avec la L.N.I., le sens de l'impro se développe, mais les comédiens sont toujours les vedettes, en compétition entre eux, même s'ils s'entraident parfois entre membres d'équipes adverses pour la meilleure qualité du spectacle. »

Souvent, on ne voit même pas le cascadeur à l'écran, tandis que les comédiens, eux, ont plutôt été formés pour être vus. Le cascadeur doit « nourrir » la « vedette » par son improvisation, la mettre en évidence, la valoriser tout en s'effaçant le plus possible.

Parfois, il ne parlera pas ou très peu : il suffit quelquefois d'un regard, d'un geste, pour provoquer la réaction souhaitée. Plus qu'un cours d'art dramatique, la présence d'esprit, le sens du « timing » et un brin de psychologie sont nécessaires au cascadeur. Il doit voir venir d'instinct les réactions du sujet. Et ça, on l'a ou on ne l'a pas, comme on dit !

Les meilleurs résultats : quand le cascadeur se retire

Les meilleurs effets obtenus quant à la vérité des séquences sont celles où l'on ne voit pas le cascadeur.

Voici un exemple qui demeure pour tous un des meilleurs souvenirs des *Insolences d'une caméra : Les photos de mariage « ratées »*.

Les photos de mariage « ratées »

Au retour de leur voyage de noces, deux amoureux s'empressent d'aller chercher leurs photos de mariage, anxieux de voir imprimés à jamais les merveilleux souvenirs du plus beau jour de leur vie.

Enfin, c'est ce qu'ils croient !

Le représentant du studio qui les reçoit est un monsieur à l'allure très respectable : il s'agit du cascadeur Arthur Prévost. Nos deux tourtereaux commencent à regarder l'album de photos, ignorant bien sûr l'œil de la caméra cachée dans le mur d'en face.

Première réaction : « Ici on ne voit pas les jambes de la parenté... et sur celle-là on ne voit pas les têtes. » « C'est sûrement une erreur... »

La surprise fait rapidement place à la déception. Mais Prévost, toujours calme et imperturbable, propose de reprendre la séance de photos en invitant les mêmes parents et amis, habillés de la même façon. « Je trouverai une église, dit-il. Êtes-vous libres le 2 juillet ?... Vous avez encore votre robe de mariée ? »... « Euh... oui, mais j'ai plus mon bouquet », répond la mariée qui serait au bord des larmes si ses rires ne prenaient pas le dessus. Et il y a de quoi !... une des photos montre les invités trois fois plus larges qu'ils ne le sont en réalité. Nos deux « vedettes » se bidonnent en pensant à la tête que fera la belle-mère, ou la tante, celle « qui est déjà assez grosse de même », de préciser la mariée. « Elle va penser qu'on a voulu rire d'elle. »

Sous prétexte d'aller téléphoner pour réserver une église... Arthur Prévost s'éclipse.

C'est alors que le spectateur assiste, en gros plan, à un moment de vérité extraordinaire.

Une fois seuls, nos deux « vedettes » n'ont plus aucune raison de retenir leurs émotions. Toute la gamme y passe, du découragement à l'hilarité la plus débridée !

Prévost revient alors et leur annonce : « Vous êtes aux *Insolences d'une caméra !* »

Le premier moment de surprise passé, non seulement ils prennent la chose avec le sourire, mais ils semblent oublier aussitôt cette ouverture discrète qu'on leur a montrée dans le mur.

Ils sont détendus, sachant que les photos réussies de leur mariage existent. Ils repartent de plus belle, et se tiennent les côtes en regardant encore la « très grosse matante » sur la photo truquée !

Pendant ce temps, la caméra tourne encore...

Une préparation minutieuse

Le talent du cascadeur, le fait d'avoir su se retirer au bon moment, sa gentillesse, ont été pour beaucoup dans la réussite de cette séquence. Il avait savamment grillé les « vedettes » à feu doux avant de les laisser seules.

Mais il aura fallu dans les semaines précédentes trouver un studio de photographie complice, fabriquer des photos truquées et être prêts à agir rapidement au retour des mariés.

Il faut parfois des semaines de préparation pour réussir une bonne séquence de quelques minutes.

À CHACUN SA CASCADE

Selon la séquence à réaliser, on choisira tel cascadeur plutôt que tel autre. Car, pour réussir, tout doit sembler normal, plausible.

Le cascadeur doit avoir non seulement la tête de l'emploi, mais des comportements et des réactions susceptibles de renforcer son personnage et de rendre vraisemblable une situation incongrue. Selon sa personnalité, son âge, son physique et ses talents particuliers, on assigne à chacun le rôle qui lui convient le mieux.

Alain Stanké nous rappelle les particularités des membres de la première équipe des *Insolences :*

> « Arthur Prévost, c'était le casse-gueule expert dont le toupet pouvait le conduire à tremper ses doigts dans la tasse de café d'un autre. Renée Girard jouait souvent avec moi quand nous avions besoin d'un couple, et Pierrette Beaudoin jouait plutôt seule : elle avait une façon imbattable de se tirer des rôles de femme naïve.
>
> Il y avait aussi Carl Dubuc, l'intellectuel par excellence, un spécialiste de l'humour à froid, déconcertant.
>
> Quant à moi, je jouais les jeunes fanfarons, le courtisan de ces dames, l'importé ou encore l'importun numéro un. »

C'était l'époque où l'homme faisait ses premiers pas sur la lune... Raison de plus pour que les Insolences *promènent cet « astronaute » égaré parmi les gens juste pour voir...*

Ah, ben ça alors... ça m'dépasse...!

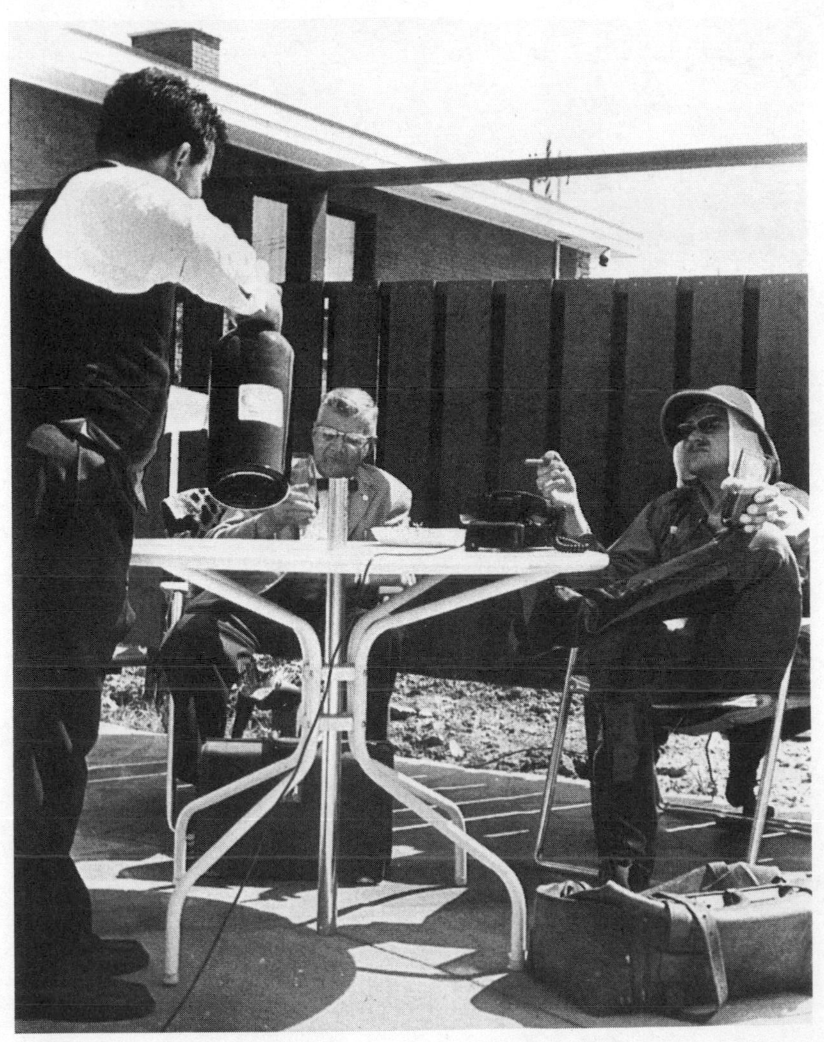

NORTHWEST

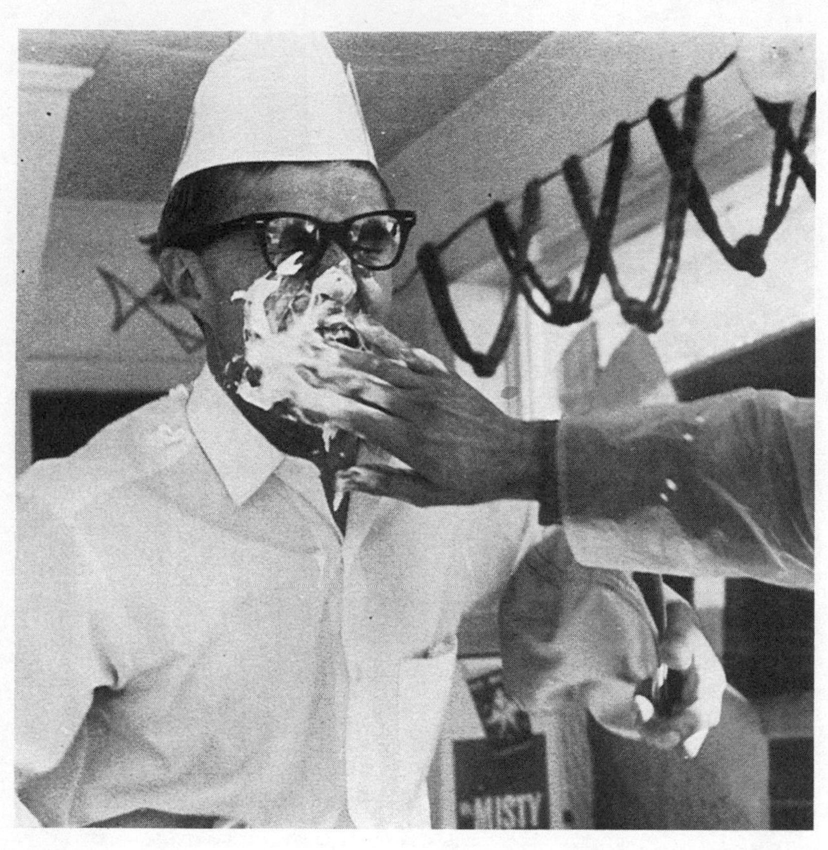
MISTY

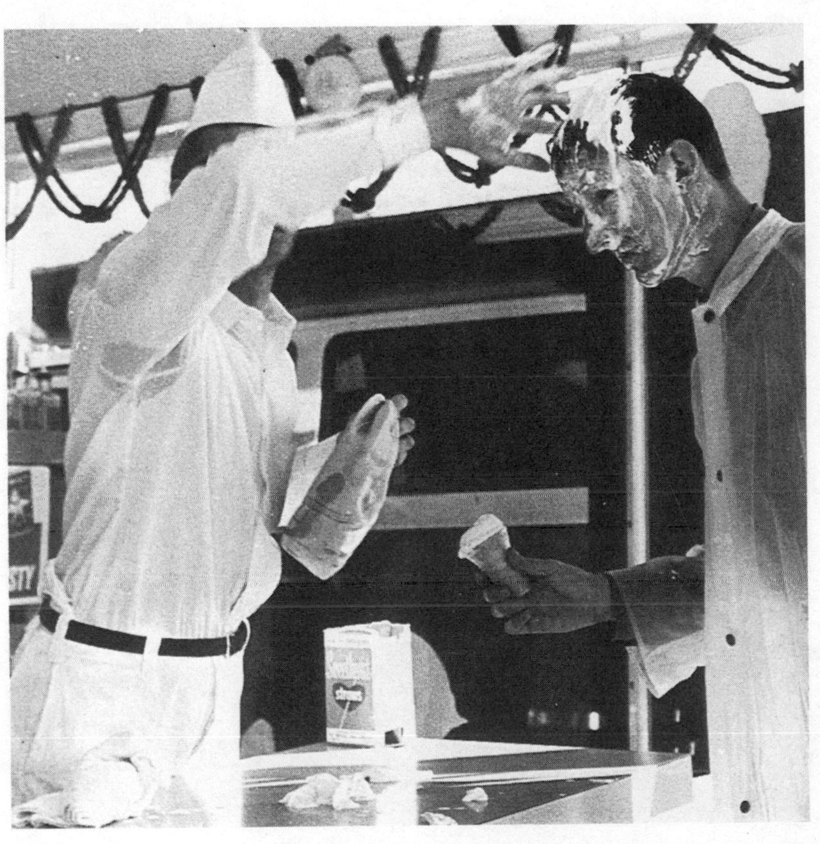

Brass
Mira
MEA

Brasserie
Mirabel
MEALS
pub
RYDER

MEAL
pub

Le duo FRÉCHETTE-STANKÉ en compagnie d'une nouvelle vedette des Insolences *dont le beau sourire deviendra vite communicatif.*

SAMOURAÏ
DELICATESSEN

Le gourmet à la mode (Richard FRÉCHETTE) et le samouraï des temps modernes (Alain STANKÉ) attendent les clients pour leur proposer une toute nouvelle façon...

de trancher le baloney ! ! !

Maintenant que les Insolences *sont de retour, on n'est plus en sécurité nulle part... même pas chez le dentiste, surtout quand celui-ci se nomme Dr Décarie (!) (Richard FRÉCHETTE) qu'assiste « la » garde Bertha (Alain STANKÉ).*

Attention...
Qui sait où se cache maintenant la caméra ?

UN CASCADEUR EXCEPTIONNEL : OLIVIER GUIMOND

— *C'est pas moi... c'est mon frère... qui est malade !*

On a vu que le rôle de cascadeur ne convient pas généralement aux comédiens professionnels. Mais à toute règle il y a une exception.

Dans le cas des *Insolences,* cette exception ne fut nul autre que le célèbre Olivier Guimond.

Les séquences tournées avec la vedette numéro un de l'époque ne jouaient ni sur l'insolence ni sur l'impertinence, mais elles permirent de démontrer une fois de plus que pour bien des gens, la surprise engendrée par le côté invraisemblable d'une situation les empêche d'enregistrer ce que leurs yeux voient !

Aussi incroyable que cela puisse paraître, l'artiste le plus populaire de l'époque faisait des siennes en public, jouant divers personnages plus loufoques les uns que les autres, sans être reconnu.

L'hypernerveux

Dans une salle d'attente de médecin, Olivier improvise un hypertendu : il s'agite, tremble, tourne en rond, avale des quantités industrielles de pilules, lesquelles volent de tous bords et de tous côtés.

Pendant ce temps, la caméra enregistre les réactions des gens autour : « pauvre monsieur, calmez-vous »... « Qu'est-ce que vous avez donc ? »... et Olivier bredouille toujours la même phrase... « c'est pas moi, c'est mon frère qui est malade ! »

Dans la soupe jusqu'aux oreilles

Installé au comptoir-lunch d'un restaurant, Olivier mange une soupe. Mais « manger » n'est pas le terme le plus approprié dans la situation...

Cette scène, digne des meilleures de Charlie Chaplin, montre Olivier éternuant chaque fois qu'il tente de porter une cuillerée à sa bouche.

Et chaque éternuement le secoue tellement qu'il plonge à chaque fois le visage dans son bol de soupe.

Durant ce temps, la caméra nous fait voir les gens autour : d'abord polis, ils font semblant de ne rien voir, puis ils ne peuvent plus se retenir de rire, et c'est tout le restaurant qui s'esclaffe ! Olivier en met tellement que c'est l'hilarité générale.

Et le plus drôle, c'est que personne n'a reconnu Olivier Guimond !

Bien qu'il soit la vedette numéro un du Québec, on ne le voit que bien cadré dans le petit écran de la télé. On ne s'attend pas à le voir manger une soupe, surtout de cette façon-là, au restaurant du coin.

Le lieu et la composition parfaite du personnage occupent toute l'attention des gens qui n'y voient que du feu.

DES AS CASCADEURS : ALAIN STANKÉ ET ARTHUR PRÉVOST

Alors qu'il travaillait avec lui au *Petit Journal,* Alain Stanké avait remarqué le côté pince-sans-rire d'Arthur Prévost. « Il faisait très sérieux, toujours habillé comme un ministre, il n'a pas une tête à faire des gags. »

En plus d'avoir un toupet incroyable, Arthur Prévost avait un autre avantage : on ne tape pas sur un « monsieur bien », surtout s'il a un certain âge !

Les meilleures d'Arthur Prévost

COURS DE BALLET AUX CAMIONNEURS

Yvan Ducharme joue le rôle d'animateur d'une école de ballet... Il va solliciter des clients dans une compagnie de camionnage. Se présente un camionneur qui voudrait occuper sainement ses moments libres.

Sans sourciller, Ducharme (qui animera par la suite les *Insolences d'un téléphone* à la radio) lui propose des cours de ballet. Surtout à l'époque, il y a 20 ans, ça ne faisait pas très viril.

De plus, il ne reste que quelques places disponibles, à 5 heures du matin ! Pour appuyer ses propos, Ducharme donne en exemple ce monsieur d'un certain âge qui n'hésite pas, lui, à faire du ballet.

Et le grassouillet Prévost y va de ses pointes, exagérant ses faux pas, se dispute avec la barre d'exercice, tombe à la renverse, mais il a l'air tellement sérieux... Le camionneur se demande dans quel asile il est tombé !

STANKÉ et PRÉVOST dans deux de leurs 2 000 rôles...

— Vous avez pas de loisirs intéressants ? Des cours de ballet, c'est le choix qu'il faut à un camionneur comme vous qui cherche une façon de se détendre... On a un cours à quatre heures aujourd'hui. Essayez ! « J'ai rien contre le ballet... mais, non merci ! » répond l'un. « Du ballet... il me semble que je suis assez agile comme ça... vous avez pas autre chose ? » répond l'autre.

— *Mon médecin ne veut pas que je boive de café ! Vous permettez ?*

LES BEIGNES DANS LE CAFÉ

Cette séquence compte parmi les plus célèbres des *Insolences.* Assis à un comptoir-lunch, Arthur Prévost mange des beignes. Quand un client assis à côté de lui reçoit son café, voilà Prévost, l'air le plus inoffensif du monde, qui trempe régulièrement son beigne dans le café... de son voisin.

Et ainsi de suite avec plusieurs clients dont certains ont moins bien pris la chose ; « on s'est arrêté au moment où l'on a senti que l'un d'entre eux allait transformer sa colère retenue en coups de poing ! »

« ÔTE TES DOIGTS DE MON ASSIETTE ! »

Prévost s'amène dans un restaurant, sort de sa serviette ce qu'il présente comme étant un permis d'inspecteur des aliments. (Mais il s'agit en réalité de son diplôme de chant grégorien qu'il se contente d'exhiber un instant).

On a choisi un vendredi parce qu'à l'époque, on était sûr qu'il y avait des fèves au lard au menu.

Il sort un pèse-lettre et se met à peser une à une les fèves qu'il prend avec ses doigts dans l'assiette d'un client. « Celle-là n'est pas assez lourde, ce n'est pas légal », etc.

Le client, hors de lui, sort de ses gonds et vocifère : « ôte tes doigts de mon assiette, mon « c... » parce que je vais te « gling gling » par la vitrine » ! (On remplace évidemment les sacres et les jurons par des clochettes...)

Arthur Prévost affirme que ce que les gens tolèrent le moins, ce sont les doigts d'un étranger dans leur assiette. On le croit sur parole, lui qui en a fait et vu de toutes les couleurs. Mais, quelle habileté ! Et ce, sans jamais récolter un œil au beurre noir.

SE RASER AU RESTAURANT. POURQUOI PAS ?

Il est 5 heures du matin dans l'est de Montréal. Le lieu : un comptoir-lunch où les camionneurs, après avoir fait le plein d'essence, viennent faire leur plein de café avant de prendre la route.

Prévost entre en scène : « non merci, pas de café, seulement de l'eau s'il vous plaît ! »

Le voilà qui sort un blaireau, de la mousse, et qui se rase, en éclaboussant le visage de ses voisins en même temps que leurs œufs au plat.

Les protestations et les insultes fusant, il change de stratégie et entreprend de faire signer une pétition pour que des prises de courant soient installées sur les comptoirs des restaurants. « Ce serait commode, on gagnerait du temps... » Qui a déjà vu ça !

« TOUCHEZ PAS À MA FILLE ! »

Une jeune fille (une cascadeuse) appelle un taxi ; lorsque le chauffeur arrive, elle lui crie d'une fenêtre du deuxième étage : « voulez-vous m'aider à descendre ? » (Une échelle est appuyée à la fenêtre).

Le brave homme s'exécute. Lorsqu'il a descendu une bonne partie de l'échelle, se tenant d'une main et portant la valise de la jeune fille dans l'autre, le père de la jeune fille (Arthur Prévost bien sûr) arrive dans la cour en robe de chambre : « où est-ce que vous allez avec ma fille, vous ? »... Et Prévost de le tirer par les pieds, si bien que le monsieur a failli tomber à la renverse.

« C'est là que j'ai appris où se situe le point d'appui de quelqu'un qui descend une échelle avec une valise à la main », raconte l'ineffable Prévost.

AU MAGASIN DE CHAUSSURES

Samedi, rue Saint-Hubert, il y a toujours affluence dans les magasins. Ce jour-là, Prévost est vendeur de chaussures.

Son truc : prendre un soulier de la cliente et partir avec sous prétexte de trouver plus rapidement sa pointure. Mais il « oublie » le soulier et ne le retrouve plus quand elle veut partir.

Il propose alors : « mettez ces running-shoes, je vous les laisse à 5 $; et s'ils ne sont pas trop usés quand vous reviendrez chercher votre soulier lundi, je vous les rachèterai à 2,50 $! »

La situation se corse lorsqu'arrive un jeune couple fort bien mis, la jeune fille tout habillée de violet, robe et sac à main compris.

Cette fois, sous prétexte de trouver la couleur identique, notre vendeur improvisé part avec le sac de la jeune fille.

Mais le jeune homme ne l'entend pas ainsi : les voilà qui se courent après entre les rangées de chaises et les étalages de souliers. La situation a bien failli tourner au vinaigre.

« Celui-là, il était très fâché. Il a beaucoup hésité avant de signer le permis de diffusion, » se rappelle Arthur Prévost.

Ce dernier affirme qu'après les cascades où l'on met ses doigts dans l'assiette de quelqu'un, ce sont celles où un jeune homme sent le besoin de sauver son honneur devant sa petite amie qui sont les plus risquées.

LE FER À REPASSER

Prévost est préposé au service des réclamations d'un magasin lorsqu'un client insatisfait se présente avec un fer à repasser qui ne fonctionne pas.

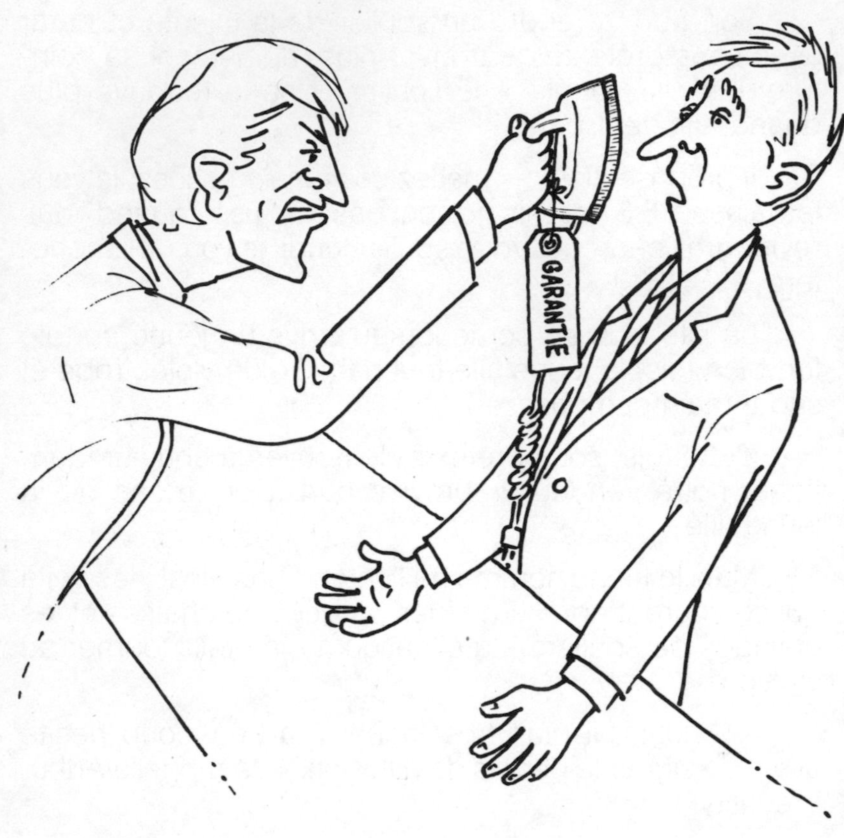

— *Sentez-le ! Vous avez dû repasser des chaussons sales avec !*
— *Aïe, là ! Riez pas du monde, là vous !*
— *Je ne vous dirai pas ce que je pense de vous !*

Plutôt que de répondre à la demande justifiée du client qui exige réparation, Prévost l'assène de questions plus impertinentes les unes que les autres : « votre femme, est-ce qu'elle lave son linge avant de le repasser ? »

Quel spectacle de voir ce client marchant de long en large pour mieux contenir sa colère : il fait quelques pas vers la sortie, revient, regarde alentour pour voir s'il n'y aurait pas quelqu'un de sensé dans cet établissement. Mais Prévost récidive en mettant le paquet : « ça sent les chaussons sales ! Pour moi, votre femme repasse le linge sale. C'est pour ça que le fer est brisé. » Là, le pauvre homme n'en peut plus et c'est alors que sortent de sa bouche une série de jurons que les responsables de l'émission ont dû camoufler avec un véritable concert de clochettes !

Les meilleures d'Alain Stanké, le cascadeur-caméléon

Si Arthur Prévost est le roi du toupet, Alain Stanké de son côté a le don d'entrer dans la peau de dizaines de personnages et les gens n'y voient que du feu !

On l'a vu en médecin, en clochard, en mendiant, en aveugle, mais il semble avoir une prédilection pour les garages, les voitures et les petits poissons rouges.

DU POISSON, C'EST BON

Plusieurs grands magasins réservent un espace aux animaux exotiques, notamment aux poissons multicolores dont les gens sont très friands.

Stanké s'amène un jour qu'on avait installé la caméra cachée dans un de ces magasins à rayons, et s'avise de plonger les mains dans un aquarium où s'ébattent de jolis petits poissons. La caméra se fixe sur une dame qui ne semble pas apprécier du tout, mais ce n'est encore

— *Hein ! ces pauvres petites bêtes... ! Arrêtez ! ! !*

rien. Le cascadeur ne se contente pas d'y toucher... il avale un petit poisson. La dame proteste, plaint la pauvre petite bête, mais le gourmet pour le moins original se met à vanter les mérites du poisson : « c'est délicieux, vous voulez y goûter ? » Et sur ce, il en avale un autre et sort.

La pauvre dame ne sait plus à quel saint se vouer lorsque le gérant (un autre cascadeur) s'enquiert de ce qui ne va pas. Elle raconte l'histoire, gestes à l'appui, craignant d'être prise pour une menteuse puisque l'auteur du forfait a disparu. Mais ce dernier revient : « c'est lui, je le reconnais, je l'ai vu », etc.

C'est alors qu'on évente la mèche, expliquant à la dame que le cascadeur, lorsqu'il plongeait sa main dans l'aquarium, y cachait un petit poisson rouge... taillé dans une carotte !

LE LAVEUR DE PARE-BRISE

Revêtu de l'uniforme des employés d'une station-service, Stanké offre aux automobilistes « pressés » de nettoyer les vitres de leur voiture. Il travaille très lentement, espérant que les gens se mettront en colère.

Une grosse voiture arrive, conduite par une dame accompagnée de son amie. Le détergent, les torchons, tout saute, et il procède avec une lenteur déconcertante, causant de la pluie et du beau temps. Il pousse le culot jusqu'à demander un pourboire. La dame est un peu surprise, mais elle consent.

Tout en demandant combien elle lui donnera... il suggère déjà 1 $; la dame proteste avec le sourire et lui offre 0,50 $... ou un paquet de cigarettes. (N'oublions pas que c'était il y a vingt ans !)

Les dames tiennent toujours bon, le cascadeur également : il feint de se tromper de torchon, en prend un tout souillé de graisse et souille la vitre qu'il venait de nettoyer complètement.

Prenant toujours son temps comme si rien ne pressait, il recommence son manège, en rajoute, applique lentement une autre couche de détergent en papotant de choses et d'autres.

On voit à son visage que la dame au volant n'en peut plus, mais elle se retient. C'est alors que le cascadeur, éventant enfin la mèche, lui demande si elle n'aimerait pas figurer au petit écran. Réalisant alors ce qui vient de se passer, la dame s'exclame : « ah non ! pas vous, dites-moi pas que vous m'avez fait ça ! Ben, le cinquante cents, je le garde », ajoute-t-elle, toute rouge, en appuyant sur l'accélérateur et s'en va en furie.

Un client vraiment pressé se présente. Comme aux autres, Stanké lui demande de déplacer sa voiture pour être dans le champ de la caméra. Le client ne comprend pas trop pourquoi, mais il n'a pas le temps de poser des questions. Nerveux, il ne songe qu'à sortir de sa voiture pour aller parler au propriétaire du garage, qu'il connaît. Mais Stanké parvient à le retenir, parlant de tout et de rien, étendant le savon à plein torchon sur toutes les vitres.

Au client qui est anglophone, mais parle bien français, il demande de traduire le mode d'emploi sur la boîte de détergent qu'il a en main. (Il y a 20 ans, les conseils et autres avis n'étaient écrits qu'en anglais sur les contenants.)

Le client s'impatiente et lui dit : « On dit ici de l'étaler sur de petites surfaces et vous, vous en mettez partout ! »

Finalement, le monsieur se fâche et démarre, ses vitres encore tout enduites de savon. Il voit à peine la route.

Il fait donc volte-face, enguirlande Stanké, quand celui-ci lui apprend que c'est pour la télévision. Le monsieur devant être à Montréal à 5 heures, Stanké parvient difficilement à l'empêcher de partir avant de lui faire signer la formule qui l'autorise à se servir du film. Le client part en furie. Mais les résultats sont excellents !

Un client impoli : celui-là refuse de laisser un pourboire, en disant qu'il reviendra demain. Stanké explique que demain il ne sera pas là, qu'il ne vit que des pourboires qu'il fait de garage en garage... mais le client ne se laisse pas attendrir. Et quand Stanké insiste encore, le client lui dit :

« Je vais t'en donner un pourboire ! Combien ça te coûterait pour te faire couper la crinière que tu as sur la tête ? » Rideau !

UN GARAGISTE QUI A LE SENS DE L'HUMOUR

Voici un bel exemple de séquence réussie par un couple de cascadeurs. Stanké a pour mission d'amorcer la conversation avec le garagiste, et Lisa Tondi essaie de lui faire perdre patience par ses questions ingénues de « femme-chauffeur qui ne connaît rien ».

Stanké pose les questions d'usage, ce que coûte la mise en condition d'une voiture pour l'hiver, etc.

Et Lisa Tondi fait son entrée. Elle a des histoires longues et pas du tout intéressantes à raconter : son amie est dans le Sud et lui a prêté sa voiture pour l'hiver, une question n'attend pas l'autre : faut-il mettre de l'antigel dans les pneus, va-t-il changer l'huile du radiateur ? La conversation ou plutôt le « monologue » est long.

Elle a interrompu Stanké et pris possession de l'endroit ! Pendant ce temps, les clients entrent et sortent, mais le garagiste est littéralement envahi par sa « nouvelle cliente ».

Éberlué mais toujours poli, le garagiste ne s'impatiente pas encore.

La cascadeuse s'excuse, elle doit aller chercher dans sa voiture un objet qu'elle y a trouvé et dont elle ne comprend pas le mécanisme.

Pendant ce temps, Stanké essaie de faire dire au garagiste que « vraiment, les femmes, en matière d'auto, ce n'est pas riche ! » Mais il reste calme, répond que celle-là n'est pas pire que les autres, qu'il connaît ce genre de femmes...

Lisa revient, tenant à la main un ressort à boudin, trouvé près de sa voiture. « Peut-être est-ce un instrument important ? »

« Je vous crois qu'il est important. Mais vous avez une Chevrolet et c'est une pièce de Ford ! »

Elle explique que quelqu'un a pu le perdre et que si c'est si important...

Notre homme commence enfin à en avoir assez d'être poli : « parle, parle, parle... et jusqu'ici, je ne vous ai pas vendu grand'chose ! »

Elle répond : « justement, pour faire plaisir à ma copine, je voudrais munir sa voiture d'un réservoir de 40 gallons. »

Il lui rétorque avec ironie : « vous êtes mieux avec un petit réservoir, ça me permettra de vous voir plus souvent ! »

De l'humour et de la patience à revendre, ce cher homme !

EN VOITURE !

À 40 degrés sous zéro, dans la région du Lac Saint-Jean, Alain Stanké est caché dans le coffre d'une voiture conduite par Renée Girard. Ce jour là, on visait les concessionnaires de stations-service.

Renée Girard achetait de l'essence et demandait au vendeur d'aller se faire payer par son mari dans le compartiment-arrière.

Alain STANKÉ, le mari captif d'une captivante Insolence *sur quatre roues...*

On avait pris soin d'enlever les phares et, par l'ouverture ainsi créée, Stanké pouvait parler aux vendeurs.

Quelle tête ils faisaient quand ils entendaient Stanké crier : « ouvrez, monsieur. Ma femme m'a enfermé ici parce qu'elle ne veut plus que je fume ! Au secours ! »

DES CONVIVES MAL SERVIS !

S'il semble affectionner particulièrement les garages et les stations-service, Alain Stanké ne dédaigne pas non plus les restaurants, du plus humble au plus huppé.

Il s'agissait cette fois de servir une assiette presque vide à un client qui, discrètement, comparait son assiette avec celles, débordant de nourriture, de deux personnes assises de chaque côté de lui : Alain Stanké et Arthur Prévost.

Quelquefois, le dîneur protestait qu'on avait à moitié rempli son assiette. S'il ne disait rien, se contentant de jeter des regards envieux de chaque côté de lui, les deux cascadeurs, faisant mine de ne pas se connaître, disaient : « vous n'avez pas un gros appétit, monsieur », « suivez-vous un régime amaigrissant ? » ou encore : « Surveillez-vous votre ligne, madame ? »

La caméra, toujours présente mais invisible, captait les réactions des clients frustrés !

SERVEUSE INJUSTEMENT ENGUIRLANDÉE

Dans un restaurant plutôt chic, tout le monde est dans le coup, sauf la serveuse que Stanké doit enguirlander.

Il appelle la serveuse et explique qu'il est pressé. Elle apporte un verre d'eau et se retire.

Il la rappelle en disant que l'eau n'est pas assez froide... elle rapporte un deuxième verre d'eau. Sortant de ses poches un bâton de rouge à lèvres, il souille le verre, la rappelle, lui disant que le verre est sale, ce qu'elle constate. (Heureusement que le client s'est dit pressé...)

Après avoir reçu un verre propre, il se plaint que la soupe est froide et la retourne.

Le vilain cascadeur sort alors de sa poche des ustensiles sales, y cache les propres que la serveuse lui a apportés, et se plaint encore.

La serveuse commence à s'impatienter, mais ce n'est pas fini : la soupe chaude revient et Stanké y dépose des cheveux qu'il a en poche. Plainte et replainte, la pauvre serveuse ne sait où donner de la tête, car durant ce temps, elle doit aussi servir d'autres clients.

C'est alors que le cascadeur se met à crier, on n'entend plus que lui dans la salle : « il y a longtemps que vous travaillez ici ? Non, mais c'est effrayant, avez-vous vu ça ? »

Il demande l'addition, que la serveuse lui remet avec empressement, trop contente d'être débarrassée de lui.

Et ça repart : « quoi ! 0,89 $ pour ça ? Soupe froide, ustensiles malpropres, cheveux dans la soupe... franchement ! »

La serveuse rougit et va droit à son patron, qui est complice du cascadeur. Il l'autorise alors à dire au client de s'en aller s'il n'est pas satisfait.

Mais, presque à bout de souffle, le cascadeur va jusqu'à exiger un jus de tomate pour remplacer la soupe froide !

Voyant que la serveuse n'en peut plus, lui non plus d'ailleurs, le cascadeur évente finalement la mèche.

Impressions de la serveuse : « j'étais complètement rendue à bout. Vous m'énerviez ! »

Impressions du cascadeur : « c'est un rôle que je n'ai pas aimé jouer. Je me sentais mesquin. »

— *J'ai rien dit, moi... Je ne suis pas avec lui...*

— *Je vous l'ai dit que votre bière est pas bonne !*

Lui aussi était rendu au bout de son rouleau, mais la séquence était on ne peut plus réussie.

SORTI DE LA TAVERNE

La scène se passe dans une taverne où une femme-lutteuse, complice des *Insolences,* fait le service ce jour-là.

Entre alors le cascadeur qui s'asseoit à la table de deux messieurs bien tranquilles et commande une bière. Il se plaint haut et fort que cette bière n'est pas buvable, cherchant à obtenir l'approbation des inconnus. Après quelques minutes d'engueulades avec la serveuse complice, celle-ci ne fait ni une ni deux, empoigne le cascadeur, qui fait pourtant plus de 1,80 m, et le transporte jusqu'à la sortie sous les regards médusés des deux hommes.

Puis le même cascadeur revient, s'asseoit à la même place et recommence son manège : ses voisins sont non seulement gênés, mais on voit bien à leur mine qu'ils craignent le pire...

La serveuse au cascadeur : « vous êtes encore là, vous ? Je vous ai sorti tout à l'heure », et elle le sort à nouveau.

Outre le côté spectaculaire, cette scène avait ceci de fascinant : lorsque la serveuse demandait aux deux hommes : « elle n'est pas bonne, cette bière-là ? »... on les voyait rentrer la tête dans les épaules et assurer qu'ils ne connaissaient pas ce gars-là, ne l'avaient jamais vu...

Les gens n'aiment pas avoir d'embêtements, c'est connu. Mais combien il était captivant d'observer ces deux hommes d'âge mûr se comporter en petits garçons sages de peur d'être punis !

Le comble de la patience

Installés de bon matin au comptoir d'un restaurant, les terribles Alain Stanké et André Lamy décident de transformer un demi-pamplemousse en arrosoir.

Lamy tient à la main une poire remplie d'eau, munie d'un petit tuyau dont l'extrémité se trouve dissimulée au fond du pamplemousse de son complice.

Un client prend bientôt place à côté de Stanké. Au début, les cascadeurs y vont doucement : quelques gouttes de « jus de pamplemousse » atterrissent sur le veston du monsieur, qui accepte gentiment des excuses.

On répète l'opération plusieurs fois, le jet d'eau fusant à chaque fois que le cascadeur plonge sa cuiller dans le fruit : le jet se fait de plus en plus puissant, le monsieur est de plus en plus arrosé ! Mais ce dernier, toujours souriant, se contente de souligner qu'il est bien juteux, ce pamplemousse-là... ce à quoi les deux compères médusés s'empressent évidemment d'acquiescer.

Rien au monde ne semble pouvoir perturber ce gentil monsieur ! Intrigué, le cascadeur ne peut s'empêcher de lui demander avec une fausse naïveté : « mais... cela fait dix minutes que vous vous faites arroser et vous ne réagissez pas plus que ça ? »

Toujours calme, l'homme répond simplement qu'il commence à avoir hâte que le pamplemousse soit terminé...

Découragés, nos cascadeurs déposent définitivement les armes et repartent la tête basse. « Que tel est pris qui croyait prendre » ! (La Fontaine)

DES SURPRISES ET DES MEILLEURES

Bien qu'elle vise juste dans la majorité des cas, il arrive à l'équipe des *Insolences* de connaître quelques ratés : on a beau fourbir ses armes, s'appuyer sur une mécanique bien rodée, la réaction de la personne piégée demeure toujours une grande inconnue.

Par « ratés », on entend ici les séquences où les gens, par tempérament ou à cause de circonstances particulières, n'ont pas réagi du tout alors qu'on s'attendait à les voir exploser.

Et à l'inverse, il y a ceux qui réagissent trop fort, n'ayant rien compris à ce qui se passait, même après que la mèche ait été éventée.

Un employé bien ponctuel

Ce jour-là, les Insolents ont décidé de « frapper » à Rimouski. Le truc consiste pour le cascadeur à mettre de la moutarde et d'autres condiments dans sa tasse de café. La serveuse, de mèche avec le cascadeur, fera semblant d'être distraite et refilera le café « amélioré » à un client, en espérant que la moutarde lui montera au nez, qu'il insultera et la serveuse et le client malappris !

Un client se présente, commande un café. Un cascadeur arrive et commande un café à son tour. Le client voit bien à côté de lui cet hurluberlu mettre dans son propre café tout ce qui est à portée de sa main : en plus de la crème et du sucre, un peu de sel, de poivre, de moutarde, et de ketchup, pourquoi pas !

Mine de rien, le cascadeur fait glisser quelque peu sa tasse vers son voisin pour que l'étape suivante soit plus plausible.

La serveuse apporte un café bien chaud et bien propre et feint de s'être trompée : « ah! vous étiez le premier, vous ! » et elle déplace légèrement le café pollué vers l'inconnu et donne le bon café au cascadeur.

Contrairement à toute attente, voilà le jeune homme qui s'empresse d'avaler une première gorgée, puis une autre et encore une autre.

Pourtant il a tout vu ! Croyant avoir affaire à un grand distrait, pour ne pas dire plus, le cascadeur, plein de remords, décide de le prévenir : « monsieur, ne buvez pas ça, vous voyez bien, c'est plein de... »

Et l'autre de répondre : «je sais mais je n'ai pas le temps, je travaille à l'hôpital dans cinq minutes, je ne veux pas être en retard. »

Le livreur d'épicerie

Un cascadeur des *Insolences* passe une commande d'épicerie par téléphone. Le livreur se présente, le cascadeur le reçoit en robe de chambre, le visage couvert de savon à barbe.

Le cascadeur demande au livreur de l'excuser, disant qu'il revient dans quelques minutes.

Le cascadeur sort par l'arrière de l'appartement après s'être rapidement nettoyé le visage et avoir revêtu un veston emprunté à un autre employé de la même épicerie. Il vient sonner à la porte d'entrée, écarquille les yeux et pour cause : il a devant lui un homme qu'il ne connaît pas, portant un veston de « son » épicerie. Le cascadeur ainsi déguisé affirme qu'il vient livrer une commande et lui montre une boîte contenant exactement les mêmes articles que la sienne.

Le cascadeur : « ça fait 36,95 $!... » soit exactement le même montant que l'autre.

Le livreur : « qui êtes-vous, je ne vous connais pas, vous ne travaillez pas chez nous... », mais le cascadeur répond aussitôt, lui montrant son camion : « voyons donc, bien sûr que oui, la preuve, venez voir mon camion qui est dehors... »

Un authentique camion de livraison emprunté à l'épicerie où le livreur travaille est stationné devant la porte d'entrée. Croyant avoir affaire à un voleur, le livreur se rue sur le cascadeur, qui s'en est tiré avec quelques bonnes ecchymoses.

La colère aveugle d'un Robin des Bois

Une cascadeuse entre dans un restaurant jouant le rôle de la femme poursuivie par un malfaiteur. Affolée, elle s'adresse au premier client, implorant son aide : « cachez-moi, monsieur, s'il vous plaît, j'ai peur, il va me tuer. »

Entrant immédiatement dans la peau du défenseur de la veuve et de l'orphelin, l'homme s'exécute, invitant la dame à se cacher derrière le comptoir. « n'ayez pas peur, je vais m'en occuper. »

Il se trouve que l'homme, qui était d'un gabarit imposant, n'a pas remarqué dans le feu de l'action que la dame lui avait mis son sac entre les mains...

Entre alors en trombe un cascadeur que l'homme prend pour le supposé malfaiteur lorsqu'il lui demande : « qu'est-ce que vous faites avec le sac de ma femme, vous ? »

Il n'a pas terminé sa phrase que l'autre se rue sur lui, le bouscule, le frappe à coups de poing, il est tellement aveuglé par la colère qu'il entend mais ne comprend pas vraiment le cascadeur qui crie : « arrêtez, c'est une blague, c'est pour la télévision... »

« Tant mieux », répond l'autre qui continue à frapper de plus belle, « tout le monde va voir quelle sorte de bandit tu es, tout le monde va voir que je t'ai donné une bonne leçon ! »

Protéger les gens, parfois malgré eux !

Si certaines personnes sont plus difficiles à piéger, il y en a, par contre, qu'il faut protéger, parfois malgré elles.

Un homme se présente au terminus d'autobus. Derrière le comptoir des billets, le cascadeur Alain Stanké qui doit convaincre les gens d'aller vers une destination différente de celle qu'ils ont choisie.

Le monsieur demande un billet pour Hull.

Stanké : « allez donc plutôt à Québec, c'est le Carnaval et on a un prix réduit pour la fin de semaine... »

Le monsieur ne change pas d'idée, c'est à Hull qu'il veut aller.

Le cascadeur en rajoute : « vous allez avoir du plaisir... dans l'autobus pour Québec le chauffeur chante, tout le monde chante, il y a de la musique... Tenez, je vais asseoir une belle blonde à côté de vous. »

Réponse du client : « mon p'tit gars, j'aurais certainement pas autant de fun à Québec qu'à Hull. J'm'en vas enterrer ma m... belle-mère. Je l'haïs assez, tu peux pas savoir... »

Là-dessus Stanké dit : « coupez ! » Étonné, le client demande : «coupez quoi ? » « Monsieur, vous êtes aux *Insolences d'une caméra,* mais ne vous inquiétez pas, on ne va pas passer la séquence à la télévision. »

Et l'autre d'insister : « oui, oui, je veux passer, ça va être drôle... »

Pour protéger le monsieur et ses proches, on n'a évidemment pas diffusé cette réaction devant laquelle tout le Québec se serait à coup sûr écroulé de rire.

Refus de diffusion et pour cause

L'aventure qui suit est vraiment exceptionnelle.

Dans les années soixante, l'avion était moins populaire qu'aujourd'hui. Aussi les badauds étaient-ils nombreux qui déambulaient sur les terrasses des aéroports pour regarder l'arrivée et le décollage des avions.

Le cascadeur Stanké (encore lui !) doit aborder un flâneur et lui proposer ceci : « vous n'auriez pas envie de voyager autour du monde durant quelques mois ? C'est que j'ai ma vieille grand'mère, elle est très riche, mais elle a 85 ans, alors il faut quelqu'un pour l'accompagner. J'aimerais bien y aller, mais mon employeur ne veut pas m'accorder de congé sans solde.

Vous n'aurez pas de problème avec elle. Elle est très gentille... elle prend un p'tit coup, mais elle se couche à 8 heures et dort jusqu'à 9 heures le lendemain matin. »

Un monsieur d'un certain âge, mal rasé, semble intéressé. « Voilà le candidat idéal, » se dit le cascadeur.

Le monsieur demande des détails, combien de mois va durer ce voyage, quels pays il pourra visiter, etc. Plus ça va, plus il devient copain avec le cascadeur ; il s'approche encore plus et lui demande : « moi je ne peux pas, mais que diriez-vous d'une jeune infirmière ? J'en connais une, ce serait parfait... »

Et, avec un clin d'œil, il ajoute sur le ton de la confidence. « en fait, c'est qu'elle est enceinte, et c'est de moi. Ça ferait mon affaire de l'éloigner durant quelques mois. »

Le cascadeur réagit aussitôt : « coupez ! »

Apprenant qu'il vient d'être la cible de l'équipe des *Insolences,* l'homme est vraiment hors de lui, au bord de la panique : « vous allez détruire ça, je vais vous poursuivre, » ordonne l'imprudent particulièrement soucieux de sa réputation, car, comme il le confia à ce moment-là, il occupait un poste assez haut placé dans un gouvernement.

Inutile de dire que cette séquence fut détruite sur-le-champ.

LES RISQUES DU MÉTIER

Parmi les risques du métier de cascadeur, il y a bien sûr les gens qui se mettent trop en colère ou ceux qui ont dit devant la caméra des choses qui pourraient leur nuire. Des cas de ce genre ont été cités dans le chapitre intitulé « Des surprises et des meilleures. » Mais il y a d'autres risques ou inconvénients qui viennent bousculer sa vie quotidienne.

Pendant la dernière année des *Insolences,* Alain Stanké avait beau emprunter mille déguisements, certains plus futés que d'autres arrivaient parfois à le reconnaître : un matin, affublé d'une moustache et de cheveux teints en noir, il se rend compte qu'il est suivi par une voiture de police. Il roule lentement, ce n'est pas le moment d'attraper une contravention, mais la police le suit jusqu'à sa destination. Le policier lui demande alors... « où est-ce que vous tournez aujourd'hui ? »

Après cinq années d'*Insolences,* les cascadeurs les plus en vue étaient reconnus partout au point que cela pouvait devenir agaçant : au restaurant, au cinéma, on leur lançait des petits papiers qui disaient : « Souriez, vous êtes aux *Insolences !* » Et on leur répétait souvent cette même phrase en guise de salutation, ce qui était plutôt sympathique.

Un jour, un voleur s'empara de la valise de déguisements d'Alain Stanké, valise remplie de moustaches, perruques, lunettes et autres accessoires. Le plus drôle de l'affaire, c'est que le cascadeur n'avait encore eu ni le temps ni l'idée de porter plainte, qu'un policier lui téléphona pour lui dire : « on a trouvé une valise, on pense que cela pourrait être la vôtre... »

Ces aventures étaient sans conséquences fâcheuses mais un jour l'une d'elles prit une couleur un peu plus dramatique : Alain Stanké, accompagné de son épouse sur le point d'accoucher, hèle un taxi.

Le chauffeur reconnaît aussitôt le célèbre Insolent et refuse de le laisser monter : « ah non, vous, vous ne m'aurez pas ! » Le futur père a beau insister, expliquant que c'est sérieux, l'homme appuie sur l'accélérateur et s'en va, laissant le jeune couple penaud sous la pluie, aux prises avec la rançon de la gloire pour seule consolation.

LES SERVICES PUBLICS : UNE COLLABORATION ESSENTIELLE, ACCORDÉE AVEC LE SOURIRE

La réussite d'une cascade peut exiger la présence dans le décor d'un camion à ordures, d'un camion à incendie ou même la participation active de quelques pompiers.

Ce fut le cas en avril 1986, alors que trois cascades furent réalisées grâce à la collaboration d'une équipe de pompiers de la Ville d'Outremont, qui se firent un plaisir d'amener de l'eau (c'est le cas de le dire) au moulin des *Insolences.*

M. Claude Tremblay, Directeur de la protection, incendie et sécurité de la Ville d'Outremont tient les propos suivants :

> « C'est un prolongement de nos activités habituelles. Nous essayons toujours de rendre service au public quand c'est possible. Dans le cas des *Insolences,* c'est encore plus intéressant pour nous parce que cela sort de l'ordinaire. (...) »
>
> « Je dirais même que c'est un plaisir. Car on a tous de bons souvenirs des *Insolences* des années soixante. Et puis, faut savoir rire, » ajoute-t-il en conclusion.

La Ville de Montréal

M. André Guy Trinque est Commissaire au Développement du cinéma de la Ville de Montréal. C'est lui qui accorde les permis de tournage aux grandes et petites productions cinématographiques réalisées sur son territoire.

M. Trinque connaît bien les besoins des producteurs, puisqu'il a lui-même travaillé dans les milieux cinématographiques de Los Angeles durant sept ans, notamment comme cinéaste.

Les équipes de tournage ont besoin d'espaces de stationnement, de camions, de panneaux de signalisation, etc. Parfois même, il faut détourner la circulation et bloquer complètement une ou deux rues.

Habituellement, le permis de tournage et le nom de la compagnie de production sont affichés en vue sur les véhicules de l'équipe. Mais dans le cas des *Insolences,* on fait exception : « on ne va pas leur demander d'afficher sur les automobiles stationnées « Tournage des *Insolences d'une caméra* » ! On ne veut pas gâcher leur soupe, » de dire M. Trinque.

Ce dernier a pratiquement donné « carte blanche » aux Productions Stanké-Lamy sous la forme d'une lettre invitant les employés de la C.U.M. (Communauté urbaine de Montréal) à prêter leur concours en cas de besoin.

Le Service de Police de la Communauté urbaine de Montréal

La Communauté urbaine de Montréal compte 29 municipalités et les règlements ne sont pas les mêmes partout. Mais la section Relations publiques de la Police de la C.U.M. veut bien jouer le rôle d'agent de liaison entre l'équipe des *Insolences* et les divers intervenants, qu'il s'agisse des sections locales de la police ou des autres municipalités.

« Il nous fera certainement plaisir de collaborer, dans la mesure évidemment où la sécurité du public n'est pas mise en cause », de dire le lieutenant Laurent Lévy, de la section Relations publiques de la Police de la C.U.M.

Société des transports de la C.U.M.

Pour certaines mises en scène, les stations et les voitures du métro représentent des lieux parfaits : il y a affluence, mais les gens y circulent en pensant à leur destination plutôt qu'à ce qui se passe autour d'eux.

Là également, la sympathie à l'égard des *Insolences* ne fait aucun doute, selon le responsable de l'Accueil, M. Réal D. Blain.

Au cours d'une conversation ponctuée de rires, M. Blain se plaît à narrer une *Insolence* qu'on vient de tourner dans le métro : on a demandé à une personnalité connue de prendre le métro comme tout le monde, mais debout, en s'appuyant comme il se doit à un poteau de soutien.

La personnalité en question affirme qu'il s'agit de son poteau, qu'il n'appartient qu'à elle et n'est destiné qu'à son usage personnel !

Arrivée à destination (c'est-à-dire quand elle a suscité suffisamment de réactions de la part des passagers), cette dernière part avec le poteau, rendu mobile au préalable par l'équipe des *Insolences.* Fallait voir la tête des gens !

Le sens de l'humour de M. Blain ne l'empêche cependant pas d'accomplir consciencieusement son devoir, comme il tient à le préciser : « nous n'oublions pas que notre premier rôle est de transporter les gens. On ne demande pas mieux que de s'amuser avec l'équipe des *Insolences,* mais sans nuire au service, cela va de soi. »

LES *INSOLENCES D'UNE CAMÉRA* : ÉDITION 1986

25 ans plus tard...
Mister Candid Camera *et Monsieur* Insolences :
Allen FUNT et Alain STANKÉ.

Vingt-cinq ans après la naissance au Québec des premières *Insolences d'une caméra,* la nature humaine n'a certes pas beaucoup changé.

Mais la société, les mentalités même ont évolué et la technique, heureusement, est beaucoup plus sophistiquée.

Les nouvelles *Insolences* seront plus rythmées, les séquences plus courtes, car les gens ont pris la vitesse de croisière des années quatre-vingt, laquelle se reflète partout au cinéma, à la télévision et dans les video-clips. Mais à l'époque, une bonne *Insolence* pouvait faire une séquence de quatre ou cinq minutes.

Pour jouer des tours pendables bien plausibles aujourd'hui, il a fallu vérifier des dizaines de petits détails. Par exemple, les chapeaux pour dames qui inspirèrent de belles *Insolences* à l'époque, ne sont plus guère à la mode. Il a fallu également vérifier dans un hôpital comment sont vêtus les chirurgiens ; dans tous les domaines, il y a bien des choses qui ont changé depuis vingt-cinq ans. Et rien ne doit être laissé au hasard.

Côté technique, la très sophistiquée Betacam, une caméra vidéo qui permet de vérifier immédiatement la qualité de l'image, a remplacé la lourde Auricon française 16 mm noir et blanc des années soixante.

La Betacam a plusieurs avantages : elle exige peu d'espace et peu de lumière. Et le montage des séquences est simplifié car le son est enregistré parallèlement à l'image.

Et que dire de la qualité de l'image ! On a pu voir la différence lors de la diffusion à *Radio-Canada* en 1984 d'un montage des meilleures *Insolences* d'autrefois, auxquelles on avait ajouté une séquence récente, tournée en vidéo et en couleurs.

Il y en a quelques-uns [dont le technicien Yves THERRIEN (dans le trou... !), le caméraman Joël BERTOMEU (la main sur la caméra), le preneur de son Dominique CHARTRAND (de dos) et le réalisateur Jean-Marie BIOTEAU, qu'on peut observer ici en pleine action] qui en auraient long à dire sur les différents « angles » de la spontanéité des Insolences, *édition 1986-87...*

Comme dans le temps, le public sera invité à assister à l'enregistrement de l'émission en studio, et les rires viendront ajouter de l'ambiance à l'émission lors de la diffusion.

Comme présentateur, on a choisi Alain Stanké, visage familier des *Insolences* depuis les tout premiers débuts puisqu'il en a été l'initiateur au Canada.

Nous n'irons pas plus avant dans les détails qui pourraient vous mettre la puce à l'oreille et faire rater, oh malheur, quelques bonnes *Insolences* en préparation.

L'équipe est fin prête puisqu'elle est à l'œuvre depuis quelques mois déjà et les téléspectateurs attendent avec impatience. Et vous, êtes-vous prêts ?

Souriez... vous êtes peut-être en ce moment aux *Insolences d'une caméra !*

Diplômes et souvenirs

À l'époque, quelques loustics eurent l'impudence de se faire passer pour des gens des *Insolences,* certains allant même jusqu'à négliger de payer leur addition au restaurant, affirmant qu'ils reviendraient dans quelques minutes. On ne les a évidemment jamais revus.

C'est alors qu'on trouva un moyen de bien identifier l'équipe des *Insolences,* tout en joignant l'utile à l'agréable : des cendriers en céramique originaux étaient offerts aux tenanciers des lieux où on tournait ainsi qu'aux personnes piégées, en guise de souvenir.

Avec le retour des *Insolences* en 1986, on offrira encore des cadeaux-souvenir, comme des T-shirts sur lesquels on a imprimé le mot « Souriez ! »

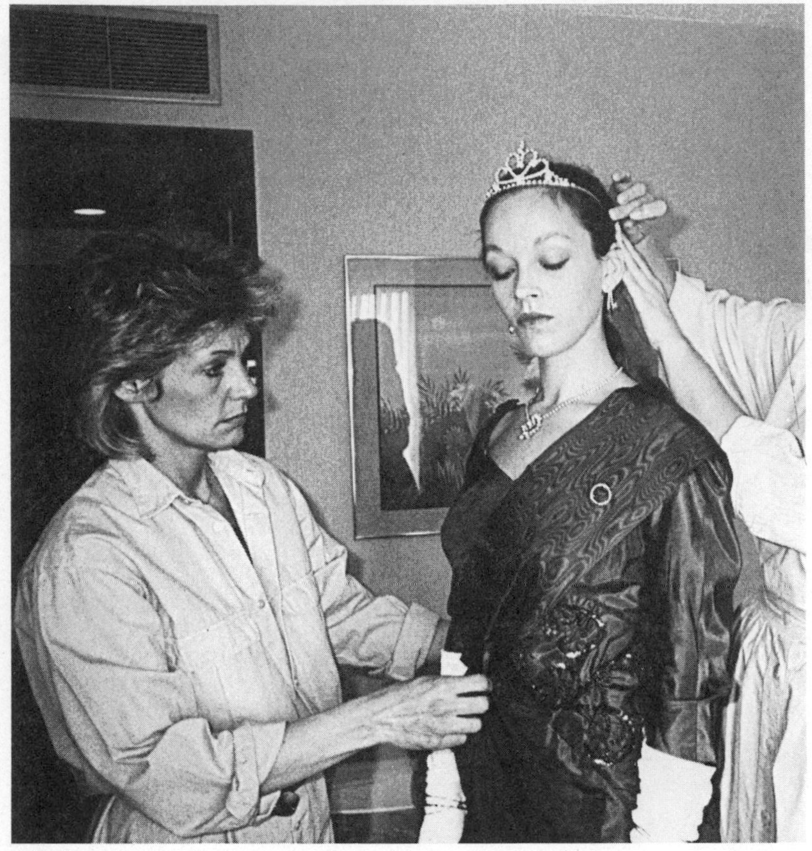

Denise PARIZEAU assiste France GRENIER qui incarnera la « Reine du Lichtenstein » dans une nouvelle Insolence à grand déploiement.

Un technicien de l'équipe des Insolences, Yves THERRIEN... puisque le métier l'exige...

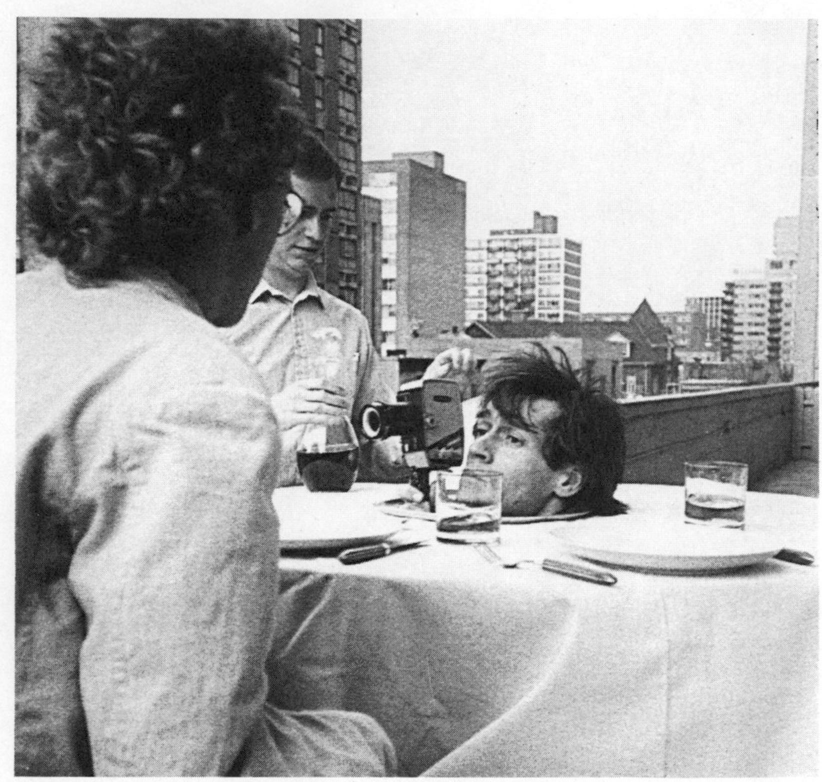

Jean-Marie BIOTEAU (au centre... de la table), un des deux réalisateurs de la série des Insolences *1986-87... répétant une scène...*

De plus, on remettra à la personne attrapée ainsi qu'au propriétaire des lieux qui aura bien voulu collaborer, un diplôme officiel attestant de ses qualités et de son sens de l'humour, le tout signé de la main des responsables de l'émission.

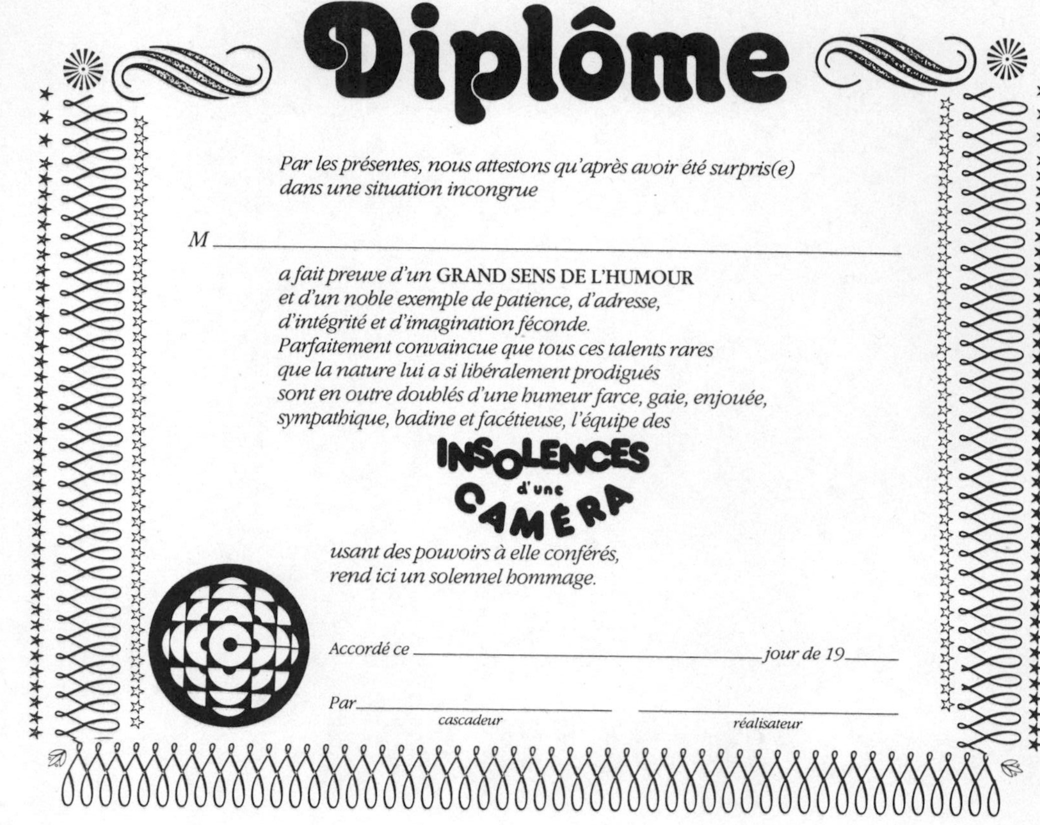

Diplôme

Par les présentes, nous attestons qu'après avoir été surpris(e) dans une situation incongrue

M ______________________________

a fait preuve d'un GRAND SENS DE L'HUMOUR
et d'un noble exemple de patience, d'adresse,
d'intégrité et d'imagination féconde.
Parfaitement convaincue que tous ces talents rares
que la nature lui a si libéralement prodigués
sont en outre doublés d'une humeur farce, gaie, enjouée,
sympathique, badine et facétieuse, l'équipe des

INSOLENCES d'une CAMÉRA

usant des pouvoirs à elle conférés,
rend ici un solennel hommage.

Accordé ce ______________ *jour de 19*____

Par ______________ ______________
cascadeur *réalisateur*

Certificat

Par les présentes
nous attestons que l'équipe des

INSOLENCES d'une CAMÉRA

a tourné, le ______________________________

dans les locaux de

____

pour réaliser la mémorable séquence du

____

dont la projection a réussi à dérider
les téléspectateurs de Radio-Canada.

Par ____________________ ____________________
cascadeur réalisateur

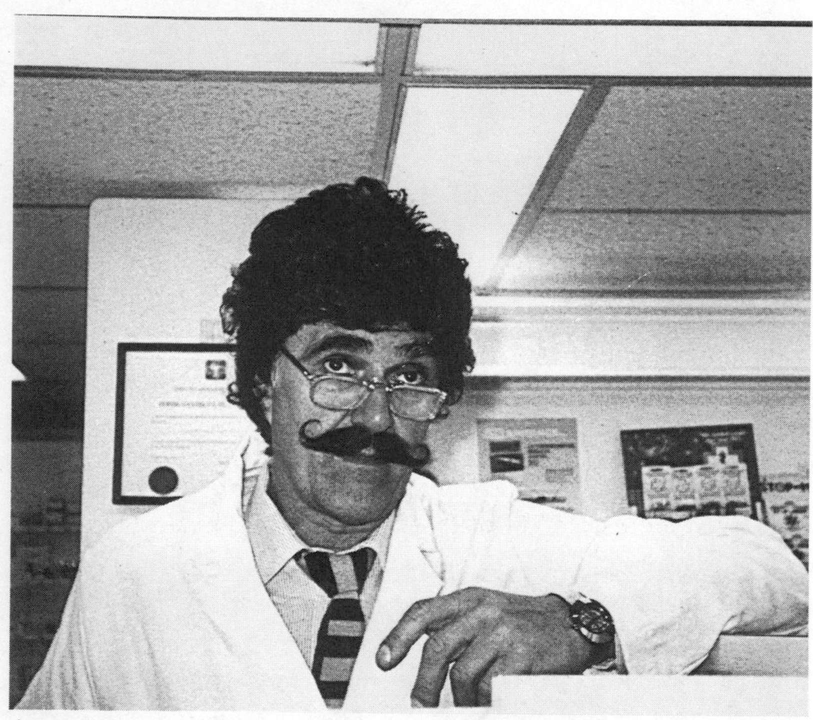

À la remise des diplômes, comptez sur la présence du professeur STANKÉ ou sur les facéties d'un farceur aux multiples facettes...

« Des surprises ? ! On vous en prépare des piles en 1986-87 ! ! ! »

« Tu l'as vu le coquin, là ? ! Il est drôlement naturel ! »
Insolents *hier*, Insolents *aujourd'hui et... toujours : Alain STANKÉ* et *André LAMY.*